Kauderwelsch

Band 79

Wir drucken auf chlorfreiem Papier

Die
Peter Rump Verlags- und Vertriebsges. mbH
ist Mitglied der
Verlagsgruppe
REISE KNOW-HOW

Kauderwelsch

Ukrainisch für Globetrotter

Ulrike Grube und Natalja Börner

Kauderwelsch Band 79
Ukrainisch für Globetrotter
von Ulrike Grube und Natalja Börner

Peter Rump Verlags- und
Vertriebsges. mbH
Hauptstraße 198
D-4800 Bielefeld 14
(ab 1.7.93: 33647 Bielefeld)

1. Auflage 1993
ISBN 3-89416-270-8

Gestaltung:
Peter Rump (Umschlag)
Christa Drillich (Inhalt)

Fotos:
die Autorinnen u. a.

Druck, Bindung:
Fuldaer Verlagsanstalt GmbH, Fulda

PRINTED IN GERMANY

Inhalt

Kauderwelsch-Sprechführer sind anders!

Warum? Weil sie Sie in die Lage versetzen, wirklich zu sprechen und die Leute zu verstehen.
Wie wird das gemacht? Abgesehen von dem, was jedes Sprachbuch bietet, nämlich Vokabeln, Beispielsätze etc., zeichnen sich die Bände der Kauderwelsch-Reihe durch folgende Besonderheiten aus.

1. Die **Grammatik** wird in einfacher Sprache so weit erklärt, daß es möglich wird, ohne viel Paukerei mit dem Sprechen zu beginnen, wenn auch nicht gerade druckreif.
2. Alle Beispielsätze werden doppelt ins Deutsche übertragen: zum einen **Wort-für-Wort**, zum anderen in "ordentliches" Hochdeutsch. So wird das fremde Sprachsystem sehr gut durchschaubar. Denn in einer fremden Sprache unterscheiden sich z.B. Satzbau und Ausdrucksweise recht stark vom Deutschen. Ohne diese Übersetzungsart ist es so gut wie unmöglich, einzelne Wörter in einem Satz auszutauschen.
3. Die **Autoren** der Reihe sind Globetrotter, die die Sprache im Land selbst gelernt haben. Sie wissen daher genau, wie und was der einfache Mann auf der Straße spricht. Dessen Ausdrucksweise ist nämlich häufig viel einfacher und direkter als z.B. die Sprache der Literatur.
4. Besonders wichtig sind im Reiseland die **Körpersprache, Gesten, Zeichen und Verhaltensregeln**, ohne die auch der beste Sprecher kaum mit Leuten in guten Kontakt kommt. In allen Bänden der Reihe wird darum besonders auf diese Art der nonverbalen Kommunikation eingegangen.

Kauderwelsch-Sprechführer sind keine Lehrbücher, aber viel mehr als Sprachführer! Wenn Sie ein wenig Zeit investieren und einige Vokabeln lernen, werden Sie mit ihrer Hilfe in kürzester Zeit Informationen bekommen und Erfahrungen machen, die einem "taubstummen" Touristen verborgen bleiben.

Vorwort

Laskawo prosymo! heißt im Ukrainischen "Herzlich Willkommen!". In diesem Sinne wollen wir Sie begrüßen und freuen uns, daß Sie sich für eine Reise in die Ukraine entschieden haben oder es vielleicht erst einmal nur gedanklich planen. Wer vorhat, die Ukraine und die Ukrainer ohne Reiseleiter und Dolmetscher näher kennenzulernen, kommt ohne Grundkenntnisse der ukrainischen Sprache nicht aus, und diese vermittelt der vorliegende Kauderwelsch-Band "Ukrainisch". Ziel ist die Kommunikation in wichtigen (touristischen) Alltagssituationen. Gespickt mit vielen Tips ist er ein unentbehrlicher Ratgeber und Begleiter. Schon wenige Sätze auf Ukrainisch öffnen Ihnen die Türen und vor allem die Herzen der überaus gastfreundlichen Ukrainer, die immer wieder von neuem überrascht und sehr erfreut sind, wenn gerade Ausländer ihre Sprache ein wenig sprechen können. Die Ukrainer sind stolz auf ihr Land, ihre Geschichte und Kultur und betrachten ukrainische Sprachkenntnisse als besondere Wertschätzung ihnen gegenüber.

Insbesondere für alles Westliche oder aus dem westlichen Ausland Stammende zeigen die Ukrainer großes Interesse, wenn damit auch oft Illusionen über das Leben in Mitteleuropa verbunden sind.

Vielleicht lernen Sie die Ukraine und ihre Menschen so schätzen und lieben, wie wir es tun und es Ihnen mit diesem Büchlein vermitteln wollen. Und vielleicht planen Sie nach Ihrem ersten Besuch recht bald einen zweiten ...

Natalja Börner und Ulrike Grube

Hinweise zur Benutzung

Der Kauderwelsch-Band "Ukrainisch" ist in drei wichtige Abschnitte gegliedert:

Die **Grammatik** beschränkt sich auf das Wesentliche und ist so einfach gehalten wie möglich. Deshalb sind auch nicht sämtliche Ausnahmen und Unregelmäßigkeiten der Sprache erklärt. Wer nach der Lektüre gerne noch tiefer in die Grammatik des Ukrainischen eindringen möchte, findet im Anhang eine Bücherliste mit weiterführenden Lehrbüchern. Natürlich kann man die Grammatik auch überspringen und sofort mit dem Konversationsteil beginnen. Wenn dann Fragen auftauchen, kann man immer noch in der Grammatik nachsehen.

Konversation: In diesem Teil finden Sie Sätze aus dem Alltagsgespräch, die Ihnen einen ersten Eindruck davon vermitteln sollen, wie die ukrainische Sprache "funktioniert" und die Sie auf das vorbereiten sollen, was Sie später in der Ukraine hören werden.

Jede Sprache hat ein typisches Satzbaumuster. Um die sich vom Deutschen unterscheidende Wortfolge ukrainischer Sätze zu verstehen, ist die **Wort-für-Wort-Übersetzung** in etwas kleinerer Schrift gedacht. Jedem ukrainischen Wort entspricht ein Wort in der Wort-für-Wort-Übersetzung.

Wird *ein* ukrainisches Wort im Deutschen durch *zwei* Wörter übersetzt, werden diese zwei Wörter in der Wort-für-Wort-Übersetzung mit einem Bindestrich verbunden. Werden in einem Satz mehrere Wörter angegeben, die man untereinander austauschen kann, wird das durch einen Schrägstrich kenntlich gemacht. Manchmal ist zum besseren Verständnis bei Tätigkeitswörtern auch das persönliche Fürwort in Klammern mitangegeben:

Ja nimka / schwejstarka.
ich Deutsche / Schweizerin
Ich bin Deutsche / Schweizerin.

Obowjazkowo pryjdu!
unbedingt (ich-)komme
Ich komme bestimmt!

Unterscheidet sich die männliche und weibliche Form eines Haupt- oder Eigenschaftswortes, sieht das im ukrainischen Satz und in der Wort-für-Wort-Übersetzung so aus:

Ja turyst / turystka.
ich Tourist(m/w)
Ich bin Tourist / Touristin.

Hier muß ein Mann die männliche Form wählen, eine Frau jedoch die weibliche!

Da man im Ukrainischen nicht auf die zahlreichen Fälle verzichten kann, steht hinter jedem gebeugten Wort in Klammern die "Nummer" des jeweiligen Falles. Steht keine Fall-Nummer hinter einem Wort, steht es im 1. Fall, also in der Form, in der man es auch in den Wörterlisten findet. Näheres dazu im Kapitel "Fälle".

Jak zdorowja?
wie Gesundheit(2)
Wie geht es Ihnen?

Mit Hilfe der Wort-für-Wort-Übersetzung können Sie bald eigene Sätze bilden. Sie können die Beispielsätze als Fundus von Satzschablonen und -mustern benutzen, die Sie selbst Ihren Bedürfnissen anpassen. Um Ihnen das zu erleichtern, ist ein erheblicher Teil der Beispielsätze nach allgemeinen Kriterien geordnet ("Begrüßen und Verabschieden", "Floskeln und Redewendungen" usw.). Mit einem kleinen bißchen Kreativität und Mut können Sie sich neue Sätze "zusammenbauen", auch wenn das Ergebnis nicht immer grammatikalisch perfekt ausfällt.

Darüber hinaus sind wichtige Wörter, die man in der Ukraine auch lesen können sollte, in ukrainisch-kyrillischer Schrift ergänzt.

Die **Wörterlisten** am Ende des Buches enthalten einen Grundwortschatz von je ca. 1000 Wörtern Deutsch-Ukrainisch und Ukrainisch-Deutsch, mit denen man schon eine ganze Menge anfangen kann.

Über Land und Leute

Die Ukraine nimmt ein größeres Territorium als Frankreich ein und grenzt im Norden an Belorußland, im Nordosten an Rußland, im Westen an Polen, die Slowakei und Ungarn und im Südosten an Rumänien und Moldawien. Das Klima reicht von kalten trockenen Wintern bis hin zu warmen, manchmal auch heißen Sommern. Die Ukraine ist durch die Karpaten und die Krim berühmt. Laubwälder, Waldsteppe und Steppe sind vorherrschende Landschaftsformen. Die Ukraine ist reich an Bodenschätzen und bekannt als reiches Schwarzerdegebiet ("Kornkammer" Rußlands).

Gegenwärtig hat die Ukraine 53 Millionen Einwohner, davon etwa 38 Millionen Ukrainer. Daneben gibt es Russen, Belorussen, Polen, Juden, Moldauer, Letten, Litauer, Kasachen, Ungarn, Armenier, Griechen und auch Deutsche.

Die Ukrainer können auf eine lange wechselvolle Geschichte zurückblicken. Die heutige Ukraine hat ihre Wurzeln im 9. Jh., als die ostslawischen Stämme sich vereinigten und im 10. Jh. einen Staat, die Kiewer Rus, mit Kiew als Hauptstadt gründeten. Der Zerfall des Kiewer Staates Ende des 12. Jh. durch innere Zwistigkeiten wurde noch durch den Einfall des Tataren-Mongolen-Heeres vorangetrieben. Die Ukraine wurde geteilt und jahrhundertelang von verschiedenen Fürstentümern beherrscht. Das wirkte sich natürlich auf die gesellschaftliche und ökonomische Entwicklung aus.

Im Westukrainischen kann man starke Einflüsse der polnischen Sprache feststellen. Es gibt auch zahlreiche Dialekte, die auf die historische Entwicklung zurückzuführen sind. In der Zeit der Sowjetunion wurde vor allem die russische Sprache gelehrt und verbreitet - die Auswirkungen sind heute deutlich zu spüren. Bei einem Besuch in der Ukraine wird man viel Russisch hören und lesen, obwohl die Regierung bestrebt ist, das Ukrainische nach der Erklärung der staatlichen Unabhängigkeit vom 24.08.1991 auf allen Gebieten zu fördern.

Trotz der wechselvollen Geschichte und der gegenwärtigen Schwierigkeiten haben sich die Ukrainer die Liebe zur farbenreichen Natur und zur heimatlichen Erde bewahrt. Viele traurige und auch fröhliche, scherzhafte Volkslieder und Tänze spiegeln die ukrainische Kultur und Geschichte wider. - Wenn man die Ukrainer beschreiben sollte, müßte man sagen: Sie sind romantisch und humorvoll.

Denkmal der drei slawischen Fürsten

Aussprache und Umschrift

Die ukrainische Sprache wird, wie das Russische und Bulgarische, mit den kyrillischen Buchstaben geschrieben, die von den Slawenaposteln Kyrill und Method im 9. Jahrhundert n. Chr. geschaffen worden sind. Das ukrainische kyrillische Alphabet hat 33 Buchstaben.

	Laut	Aussprache	Beispiel
А а	**a**	wie "a" in "V**a**ter"	**lawa** (Bank)
Б б	**b**	wie "b" in "**B**all"	**baba** (Alte)
В в	**w**	wie "w" in "**W**asser"	**woda** (Wasser)
Г г	**h**	immer hörbares "h" wie in "**H**ose"	**hority** (brennen)
Ґ ґ	**g**	wie "g" in "**g**ut"	**gudzyk** (Knopf)
Д д	**d**	wie "d" in "**D**om"	**derewo** (Baum)
Е е	**e**	offenes "e" wie in "Bett"	**apteka** (Apotheke)
Є є	**je**	wie "je" in "**je**mand"	**Jewropa** (Europa)
Ж ж	**sh**	stimmhaftes "sch" wie "g" in "Gara**g**e" oder "j" in "**J**ournal"	**shyty** (leben)
З з	**z**	stimmhaftes "s" wie in "Rose"	**zakon** (Gesetz)
И и	**y**	halboffenes "e" wie in "Gesang"	**mylo** (Seife)
І і	**i**	wie "i" in "Mine"	**wik** (Alter)
Ї ї	**ji**	wie "ji" in "**ji**ddisch"	**jisty** (essen)

Й й	**j**	vor **a, o, e** und **u** wie "j" in "Maja"; nach **a, o, e, u** und **y** kürzer, etwa wie "i" in "Mai"	**ja** (ich) **molodyj** (jung)
К к	**k**	wie "k" in "**K**arte"	**karta** (Karte)
Л л	**l**	wie "l" im "**L**ampe"	**lampa** (Lampe)
М м	**m**	wie "m" in "**M**utter"	**maty** (Mutter)
Н н	**n**	wie "n" in "**N**ase"	**nimets*** (Deutscher)
О о	**o**	offenes "o" wie in S**o**mmer"	**wikno** (Fenster)
П п	**p**	wie "p" in "**P**ost"	**pomylka** (Fehler)
Р р	**r**	rollendes Zungenspitzen-r wie im Italienischen	**ritschka** (Fluß)
С с	s	stimmloses "s" wie in "wa**s**"	**kyslyj** (sauer)
Т т	**t**	"t" wie in "**T**ante"	**totschnyj** (genau)
У у	**u**	"u" wie in "M**u**t"	**turyst** (Tourist)
Ф ф	**f**	"f" wie in "**F**eder"	**fabryka** (Fabrik)
Х х	**ch**	vor **a, o, e, u** ein ach-Laut wie in "Ba**ch**"; vor **i** ein ich-Laut wie in "**Ch**ina"	**chodyty** (gehen) **wychid** (Ausgang)
Ц ц	**ts**	wie "z" in "**Z**ebra"	**obitsjaty** (versprechen)

Ч ч	**tsch**	stimmloses "tsch" wie in "deu**tsch**"	**tschy** (ob)
Ш ш	**sch**	stimmloses "sch" wie in "**Sch**ule"	**schtuk** (Stück)
Щ щ	**schtsch**	stimmloses "schtsch"	**schtscho** (was)
Ь ь	*	Das "Weichheitszeichen" bewirkt, daß der vorangehende Mitlaut "weicher" ausgesprochen wird. In der Praxis hört sich das so an, als spräche man hinter dem betreffenden Mitlaut ein kurzes "j", so wie z. B. in "Matjes".	**bat*ky** (Eltern)
Ю ю	**ju**	wie "ju" in "**Ju**ni"	**ljudy** (Leute)
Я я	**ja**	wie "ja" in "**Ja**smin"	**jak** (wie)

- Das Ukrainische kennt keine Diphtonge (Doppelselbstlaute), wie z. B. "au", "eu".
- Das Ukrainische kennt keine Nasallaute, wie etwa "nk" in "Ba**nk**" oder "ng" in "Campi**ng**". Im Ukrainischen werden diese Laute getrennt hintereinander ausgesprochen, z. B.: **blank** (Formular), **kemping** (Camping).
- Durch die Umschrift kommen Buchstabenkombinationen zustande, die im Deutschen als Einheit ausgesprochen werden, wie z. B. "sch" oder "neo". Wenn sie im Ukrainischen getrennt gesprochen werden, steht an dieser Stelle ein Bindestrich in der Lautschrift, z. B.: **ne-odrushenyj** (unverheiratet), **s-chid** (Osten), **na s-chodi** (im Osten), **kamera s-chowu** (Gepäckaufbewahrung).

Diejenigen Wörter, die man bei einem Aufenthalt in der Ukraine am Schriftbild erkennen muß, werden neben der Umschrift auch in kyrillischer Schrift angegeben.

Betonung

Das Ukrainische hat eine sogenannte "freie Betonung", das heißt, sie kann bei der Beugung wechseln. Da das besonders schwierig ist, wird der betonte Selbstlaut immer unterstrichen.

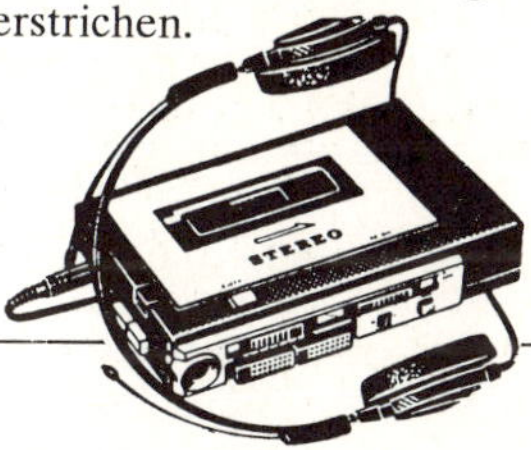

Kauderwelsch-Kassette

Falls Sie sich die Sätze, die in diesem Buch vorkommen, einmal von einer Ukrainerin gesprochen anhören möchten, dann können Sie sich die **Kauderwelsch-Begleitkassette** zu diesem Buch besorgen. Jeder Buchhändler kann sie beziehen. Sie bekommen sie aber auch beim Peter-Rump-Direktversand. Die Adresse steht vorne im Impressum. Kostenpunkt: DM 16.80 incl. Porto und Verpackung

Wörter, die weiterhelfen

Probatschte, bud* laska!
entschuldigt(!), bitte
Entschuldigen Sie, bitte!

Tschy je ...? Gibt es ...?

Tschy majete ...? Haben Sie ...?

In diese beiden Sätze kann man alle Wörter aus der Wörterliste unverändert einsetzen, wenn dies einen Sinn macht:

Tschy je awtobus? — Gibt es einen Bus?
ob ist Autobus

Tschy je schtscho-nebud* pojisty? — Gibt es etwas zum Essen?
ob ist etwas essen

Tschy majete wil*nyj nomer? — Haben Sie ein freies Zimmer?
ob (Ihr-)habt freies Zimmer

pywo	Bier	**tschaj**	Tee
kofe	Kaffee	**nomer**	Zimmer
bazar	Markt	**likar**	Arzt

Die Antworten können lauten:

Tak, je. — Ja, es gibt.
Ni, nema. — Nein, gibt es nicht.

De je ...? — Wo gibt es / ist ...?

De je hotel*? — Wo gibt es ein Hotel?
De je taksi? — Wo gibt es ein Taxi?
De je poschta? — Wo ist die Post?

Auch in diesen Satz kann man alle (sinnvollen) Wörter aus den Wörterlisten einsetzen, z. B.:

apteka	Apotheke	**militsija**	Polizei
wokzal	Bahnhof	**restoran**	Restaurant
bank	Bank	**telefon**	Telefon
konsul*stwo	Konsulat	**tualet**	Toilette
poliklinika	Poliklinik	**majsternja**	Werkstatt

Damit Sie nicht ausschließlich auf Gesten angewiesen sind, hier noch ein paar Orientierungshilfen:

tut	hier	**sjudy**	hierher
tam	dort	**tudy**	dorthin
praworutsch	rechts	**naprawo**	nach rechts
liworutsch	links	**naliwo**	nach links
prjamo	geradeaus	**nazad**	zurück

Meni treba ... Ich möchte / brauche ... (+ 4. Fall)

Bei dieser Formulierung muß man das Hauptwort, das man einsetzen möchte, im 4. Fall beugen. Fortgeschrittene können im Kap. "Beugung der Hauptwörter" nachsehen. Wem das für den Anfang zu umständlich ist und das Hauptwort nicht beugt, wird mit Sicherheit auch verstanden.

Meni treba chlib. Ich möchte Brot.
Meni treba kwytok. Ich brauche eine Fahrkarte.
Meni treba poschtowu marku. Ich möchte eine Briefmarke.

Skil*ky koschtuje ...? Wieviel kostet ...?

Skil*ky koschtuje nomer? Wieviel kostet ein Zimmer?
Skil*ky koschtuje pywo? Wieviel kostet ein Bier?
Skil*ky tse koschtuje? Wieviel kostet das?

Die Zahlen stehen im Kapitel "Zahlen und Zählen".
Und zu guter Letzt noch zwei höfliche Worte:

Spasybi! / Djakuju! Dankeschön!
Bud* laska! Bitteschön!

Hauptwörter (Substantive)

Artikel

Im Ukrainischen gibt es weder einen bestimmten noch unbestimmten Artikel, so daß **wokzal** (Bahnhof) sowohl "der Bahnhof" als auch "ein Bahnhof" bedeuten kann. Der Sinn ergibt sich aus dem Textzusammenhang.

Geschlecht

Wie im Deutschen gibt es männliche, weibliche und sächliche Hauptwörter (abgekürzt: m, w, s). Darüber hinaus gibt es eine übergeordnete Einteilung in eine sogenannte "harte" und "weiche" Gruppe.

Hauptwörter der "harten" Gruppe enden im 1. Fall auf einen Mitlaut, auf **-o** oder **-a,** die der "weichen" Gruppe auf **-j, -ja, -e** oder * (Weichheitszeichen).

So gibt es jeweils männliche, weibliche und sächliche Hauptwörter der "harten" und der "weichen" Gruppe. Die Einteilung in diese Gruppen spielt für die Zuordnung in die verschiedenen Beugungsklassen eine Rolle (vgl. Kap. "Fälle").

männlich	hart:	auf Mitlaut auf **-o**	**teatr** (Theater) **bat*ko** (Vater)
	weich:	auf **-j**	**kraj** (Gebiet)
weiblich	hart:	auf **-a** selten auf Mitlaut	**kimnata** (Zimmer) **nitsch** (Nacht)
	weich:	auf **-ja** auf *	**simja** (Familie) **sil*** (Salz)
sächlich	hart:	auf **-o** selten auf **-a**	**misto** (Stadt) **kurtscha** (Küken)
	weich:	auf **-ja** auf **-e** auf **-e** (nach **ts, schtsch**)	**shytja** (Leben) **mistse** (Platz) **prizwyschtsche** (Nachname)

Das grammatische Geschlecht wird mit den Abkürzungen "w" für weiblich und "s" für sächlich gekennzeichnet. Nicht gekennzeichnete Hauptwörter sind männlich.

Das grammatische Geschlecht der ukrainischen Hauptwörter entspricht nicht immer dem des entsprechenden deutschen Wortes:

restoran (m)	das Restaurant (s)
ljudyna (w)	der Mensch (m)

Bei Personenbezeichnungen richtet sich das grammatische Geschlecht nach dem natürlichen Geschlecht:

tato (m)	Vati, Papa
bat*ko (m)	Vater

Städte- und Ländernamen können in allen drei grammatischen Geschlechtern auftreten:

Krym (m)	Krim	**Kyjiw** (m)	Kiew
Moskwa (w)	Moskau	**Ukrajina** (w)	Ukraine
Marokko (s)	Marokko	**Karpaty** (Mz)	Karpaten

Mehrzahl

Die Mehrzahl (abgekürzt: Mz) wird für männliche und weibliche Hauptwörter gleich gebildet. Dabei wird die Einzahlendung jeweils durch **-y** (harte Gruppe) oder durch **-i** (weiche Gruppe) ersetzt. Hauptwörter, die auf **-j** oder **-ja** enden, bilden die Mehrzahl auf **-ji**. An Hauptwörter, die auf einen anderen Mitlaut enden, wird die Mehrzahlendung angehängt.

teatr (m)	Theater (Ez)	**teatry**	Theater (Mz)
kimnata (w)	Zimmer (Ez)	**kimnaty**	Zimmer (Mz)
simja (w)	Familie	**simji**	Familien
ruka (w)	Hand	**ruky** (Mz)	Hände

Bei sächlichen Hauptwörtern wird die Endung bei der harten Gruppe durch **-a** und bei der weichen Gruppe durch **-ja** ersetzt:

misto (s)	Stadt	**mista**	Städte
mistse (s)	Platz	**mistsja**	Plätze

In der ukrainischen Sprache gibt es eine ganze Reihe unregelmäßiger Mehrzahlbildungen, bei denen sich auch ein Selbstlaut verändert:

dim (m)	Haus	**domy** (Mz)	Häuser
nitsch (w)	Nacht	**notschi** (Mz)	Nächte

Mehrzahlformen sind in den Wörterlisten grundsätzlich angegeben!

Dieses & Jenes

Die hinweisenden Fürwörter **tsej** (dieser), **toj** (jener) und **takyj** (so/solch einer) richten sich in Zahl und Geschlecht nach dem Hauptwort, das sie näher beschreiben. Wie im Deutschen stehen sie immer vor dem jeweiligen Hauptwort.

	diese(r, -s)	jene(r, -s)	so eine(r, -s)
männlich	**tsej (otsej)**	**toj (otoj)**	**takyj**
weiblich	**tsja (otsja)**	**ta (ota)**	**taka**
sächlich	**tse (otse)**	**te (ote)**	**take**
Mehrzahl	**tsi (otsi)**	**ti (oti)**	**taki**

Nach Wörtern, die auf einen Mitlaut enden, kommen für die Formen von **tsej** (dieser) und **toj** (jener) auch die Formen in Klammern vor.

tsej tramwaj (m)	diese Straßenbahn
taka knyha (w)	solch ein Buch
te kino (s)	jenes Kino
tsi dity (Mz)	diese Kinder

Eigenschaftswörter (Adjektive)

Eigenschaftswörter stehen wie im Deutschen immer vor den Hauptwörtern, die sie näher beschreiben. Das Geschlecht des Eigenschaftswortes richtet sich nach dem grammatischen Geschlecht des dazugehörigen Hauptwortes.

Die Endungen im 1. Fall lauten je nach "harter" oder "weicher" Gruppe unterschiedlich: Männliche Eigenschaftswörter können auf **-yj** oder **-ij,** weibliche auf **-a** und **-ja,** sächliche auf **-e** und **-je** und in der Mehrzahl auf **-i** auslauten.

	hart:		weich:		
m	**-yj**	oder	**-ij**	**harnyj tscholowik**	ein schöner Mann
w	**-a**	oder	**-ja**	**harna diwtschyna**	ein schönes Mädchen
s	**-e**	oder	**-je**	**harne misto**	eine schöne Stadt
Mz		**-i**		**harni kanikuly**	schöne Ferien

In den Wörterlisten ist immer nur die männliche Form angegeben. Um daraus z. B. die weibliche Form zu bilden, muß man die männliche Endung (**-yj** oder **-ij**) durch die weibliche ersetzen.

Sätze ohne Verben (Nominalsätze)

Sätze in der Gegenwart, in denen man im Deutschen das Hilfsverb "sein" benötigt, z. B. "Die Stadt ist schön.", kann man im Ukrainischen ganz einfach bilden, indem man dem Hauptwort ein Eigenschaftswort nachstellt. Dabei muß man beachten, daß das Eigenschaftswort in Geschlecht (m, w oder s), Zahl und "harter" bzw. "weicher" Klasse mit dem dazugehörigen Hauptwort übereinstimmt:

Tscholowik harnyj.	Mann schön	Der Mann ist schön.
Diwtschyna harna.	Mädchen schön	Das Mädchen ist schön.
Misto harne.	Stadt schön	Die Stadt ist schön.

In der Vergangenheit und in der Zukunft braucht man jedoch das Hilfsverb "sein", vergleiche dazu das Kapitel "Sein & Haben".

Umstandswörter (Adverbien)

Viele Umstandswörter werden von Eigenschaftswörtern abgeleitet, indem die männliche Endung durch ein **-o** oder seltener durch ein **-e** ersetzt wird. Wann man welche Endung verwendet, ist leider nicht regelmäßig:

harnyj budynok	**Tse harno!**	**Tse dobre!**
schönes Haus	das schön	das gut
schönes Haus	Das ist schön!	Das ist gut!

Der Satz "**Tse dobre!**" oder auch nur "**Dobre!**" (Gut!) sagt man oft als Einverständnis auf ein Angebot, einen Vorschlag oder auch zum Abschluß eines Gespräches.

Hier eine Liste wichtiger Umstandswörter:

prawyl*no	richtig	**neprawyl*no**	falsch
wysoko	hoch	**tsikawo**	interessant
malo	wenig	**bahato**	viel
pizno	spät	**rano**	früh
daleko	weit	**nedaleko**	nah
cholodno	kalt	**teplo**	warm
sharko	heiß	**powil*no**	langsam
schwydko	schnell	**blyz*ko**	nah
weselo	fröhlich	**sumno**	traurig
brudno	schmutzig	**zrutschno**	bequem
nezrutschno	unbequem	**dobre**	gut

Einige Umstandswörter werden gebildet, indem man an den Stamm des betreffenden Eigenschaftswortes (d. h. Eigenschaftswort ohne die Fallendung!) die Vorsilbe **po-** und die Nachsilbe **-omu** oder **-s*ky** anhängt. Diese beschreiben dann eine Handlung in Bezug auf ihre Art und Weise, z. B.:

Ja howorju po-nimets*ky. ich spreche auf-deutsch Ich spreche Deutsch.	**Win howoryt* po-ukrajins*ky.** er spricht auf-ukrainisch Er spricht Ukrainisch.

Steigern & Vergleichen

steigern

Die erste Steigerungsstufe (Komparativ) wird gebildet, indem **bil*sch** (mehr) oder **mensch** (weniger) vor das zu steigernde Eigenschaftswort gestellt wird.

Für die Bildung der zweiten Steigerungsstufe (Superlativ) wird dementsprechend **najbil*sch** (am meisten) oder **najmensch** (am wenigsten) dem Eigenschaftswort vorangestellt.

bil*sch	mehr	**mensch**	weniger
najbil*sch	am meisten	**najmensch**	am wenigsten

Welches dieser beiden Wörter verwendet wird, hängt vom Sinn oder Inhalt des Eigenschaftswortes ab:

solodkyj süß süß	**bil*sch solodkyj** mehr süß süßer	**najbil*sch solodkyj** am-meisten süß am süßesten
solodkyj süß süß	**mensch solodkyj** weniger süß weniger süß	**najmensch solodkyj** am-wenigsten süß am wenigsten süß

Das Eigenschaftswort kann dabei in der männlichen, weiblichen, sächlichen oder Mehrzahlform stehen, je nachdem, auf welches Hauptwort es sich bezieht. Das Steigerungswort selbst bleibt dabei immer unverändert.

bil*sch harnyj tscholowik mehr schöner Mann schönerer Mann	**bil*sch harna diwtschyna** mehr schönes Mädchen schöneres Mädchen
bil*sch harne misto mehr schöne Stadt schönere Stadt	**bil*sch harni kanikuly** mehr schöne Ferien schönere Ferien

Auch im Ukrainischen gibt es unregelmäßige Steigerungsformen, dabei haben einige Eigenschaftswörter selbständige Formen gebildet. In der folgenden Übersicht stehen nur die männlichen Formen; die weiblichen, sächlichen und Mehrzahlformen erhält man, wenn man die männliche Endung **-yj** jeweils durch die gewünschte (s. Kap. "Eigenschaftswörter") ersetzt:

dobryj guter	**kraschtschyj** besserer	**najkraschtschyj** bester
welykyj großer	**bil*schyj** größerer	**najbil*schyj** größter
malyj kleiner	**menschyj** kleinerer	**najmenschyj** kleinster
staryj alter	**starschyj** älterer	**najstarschyj** ältester
molodyj junger	**molodschyj** jüngerer	**najmolodschyj** jüngster

vergleichen

Um auszudrücken, daß etwas "(genau)so ... wie" (Gleichheit!) ist, braucht man das Wort **jak** (wie). Dabei steht **jak** hinter dem Eigenschaftswort, mit dessen Eigenschaft man zwei Hauptwörter vergleichen will. Das Eigenschaftswort steht hinter dem ersten Hauptwort und richtet sich nach diesem in Zahl und Geschlecht:

Kyjiw velykyj jak Frankfurt.
Kiew groß wie Frankfurt.
Kiew ist so groß wie Frankfurt.

Martha harna jak Isabel*.
Martha schön wie Isabelle
Martha ist so schön wie Isabelle.

Ungleichheit wird mit **nish** (als) wiedergegeben. Dabei verwendet man das gesteigerte Eigenschaftswort, das sich auch wieder in Zahl und Geschlecht nach dem ersten Hauptwort richtet:

Kyjiw bil*schyj nish Lejptsig.
Kiew größer als Leipzig.
Kiew ist größer als Leipzig.

Martha bil*sch harna nish Gerda.
Martha mehr schön als Gerda
Martha ist schöner als Gerda.

Persönliche Fürwörter

ja	ich	**my**	wir
ty	du	**wy**	ihr; Sie
win	er		
wona	sie	**wony**	sie (m/w/s)
wono	es		

Im Ukrainischen wird für die höfliche Anrede die 2. Person Mehrzahl **wy** ("ihr") verwendet.

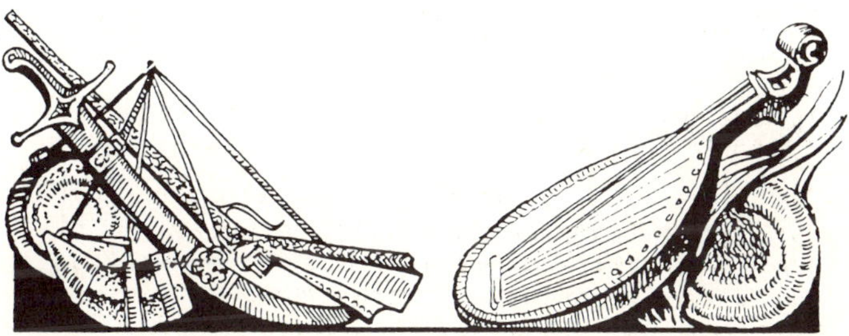

Besitzanzeigende Fürwörter

Das besitzanzeigende Fürwort richtet sich in Zahl und Geschlecht nach dem dazugehörigen Hauptwort. Die Höflichkeitsform ist mit der 2. Person Mehrzahl ("ihr") identisch.

Ez:	mein(e)	dein(e)	sein(e) (m/s)	ihr(e)
m	**mij**	**twij**	**joho**	**jiji**
w	**moja**	**twoja**		
s	**moje**	**twoje**		
Mz	**moji**	**twoji**		
Mz:	unser(e)	euer/eure	ihr (m/w/s)	
m	**nasch**	**wasch**	**jichni**	
w	**nascha**	**wascha**		
s	**nasche**	**wasche**		
Mz	**naschi**	**waschi**		

mij druh	mein Freund	**moja podruha**	meine Freundin
twoji druzi	deine Freunde	**naschi druzi**	unsere Freunde
jichni druzi	ihre Freunde	**nascha strawa**	unser Essen

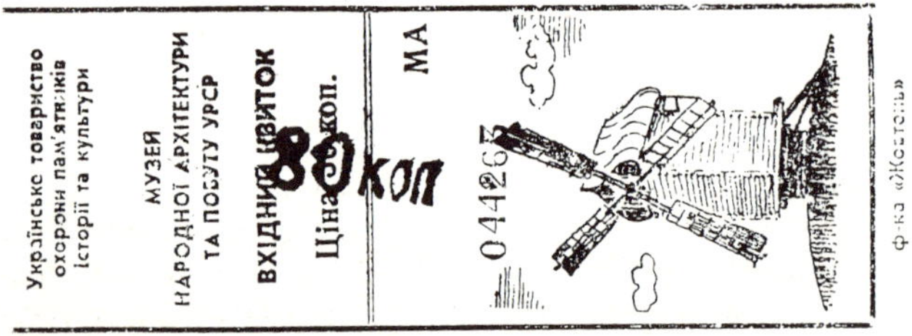

Bud* laska, tse Wasch kwytok!
bitte, das Eure Eintrittskarte
Bitte, das ist Ihre Eintrittskarte!

Tätigkeitswörter (Verben)

Das Kapitel "Verben" ist im Ukrainischen, wie in fast allen slawischen Sprachen, besonders schwierig. Im Gegensatz zum Deutschen gibt es nur drei Zeitformen, und zwar Gegenwart, Vergangenheit und Zukunft. Darüber hinaus hat sich eine weitere Vergangenheitsform erhalten, die vor allem im Märchen vorkommt, aber auch von älteren Leuten auf dem Land verwendet wird (sie wird hier nicht beschrieben). Weiterhin gibt es Verben im "unvollendeten" und "vollendeten" Aspekt (Erläuterung s. u.) und besondere Verben der Bewegung. Wie in jeder Sprache gibt es auch einige Unregelmäßigkeiten, z. B. den "Mitlautwechsel".

Dies jedoch nur als knappe Zusammenfassung. In den folgenden Kapiteln wird darüber alles erklärt.

Grundform (Infinitiv)

Die Grundform (Infinitiv) der Verben besteht aus einem Stamm und der Endung **-ty.** In dieser Form sind die Verben auch in den Wörterlisten angegeben.

tschytaty	lesen	**pysaty**	schreiben
howoryty	sprechen	**shyty**	leben

Beugungstypen

Vorab noch etwas zu den zwei Beugungstypen, in die die ukrainischen Verben eingeteilt werden. Die Beugungstypen werden in der Gegenwart für alle Verben und in der Zukunft nur für Verben des vollendeten Aspekts unterschieden. Man erkennt den Typ, wenn man die Endung der Grundform (**-ty**) wegstreicht. Verben des ersten Beugungstyps sind am häufigsten. Da die Einteilung leider nicht eindeutig ist, wird in den Wörterlisten der Beugungstyp mitangegeben.

Gegenwart

Bei der Beugung in der Gegenwart haben die Personen **win** (er), **wona** (sie, Ez) und **wono** (es) die gleiche Verbform, zur Vereinfachung steht deshalb nur das männliche persönliche Fürwort. Die Höflichkeitsform ist mit der 2. Person Mehrzahl ("ihr") identisch.

Streicht man die Endung **-ty** von der Grundform des Verbs ab, erhält man den Stamm. An diesen Stamm werden die im Folgenden beschriebenen Endungen für die Gegenwart angehängt.

● Beugungsmuster des 1. Typs. Die erste Variante **(-u, -esch ...)** wird dann verwendet, wenn der Stamm auf einen Mitlaut endet, die zweite Variante **(-ju, -jesch ...)**, wenn der Stamm auf einen Selbstlaut endet.

Einzahl		Mehrzahl	
-u bzw. **-ju**	ich	**-emo** bzw. **-jemo**	wir
-esch bzw. **-jesch**	du	**-ete** bzw. **-jete**	ihr
-e bzw. **-je**	er, sie, es	**-ut*** bzw. **-jut***	sie

Das Beugungsmuster auf das Verb **tschuty** (hören) angewandt:

tschuty	hören		
ja tschuju	ich höre	**my tschujemo**	wir hören
ty tschujesh	du hörst	**wy tschujete**	ihr hört
win tschuje	er hört	**wony tschujut***	sie hören

● Beugungsmuster des 2. Typs (in den Wörterlisten durch die Abk. "II." gekennzeichnet). Die erste Variante wird verwendet, wenn der Stamm auf einen Mitlaut endet, die zweite Variante, wenn der Stamm auf einen Selbstlaut endet.

Einzahl		Mehrzahl	
-u bzw. **-ju**	ich	**-ymo** bzw. **-imo**	wir
-ysch bzw. **-isch**	du	**-yte** bzw. **-ite**	ihr
-yt* bzw. **-it***	er, sie, es	**-at*** bzw. **-jat***	sie

Auch hier werden die Beugungsendungen wieder an den Stamm angehängt. Bei vielen mehrsilbigen Verben enthält der Stamm jedoch noch eine weitere Endung, die ebenfalls abgestrichen werden muß, um dann die Beugungsendungen anzufügen, wie dies z. B. beim Verb **batschyty** (sehen) der Fall ist:

batschyty	sehen		
ja batschu	ich sehe	**my batschymo**	wir sehen
ty batschysch	du siehst	**wy batschyte**	ihr seht
win batschyt*	er sieht	**wony batschat***	sie sehen

Hier einige Beispiele für Verben, bei denen eine weitere Endung vom Stamm abzustreichen ist (hier durch Bindestrich kenntlich gemacht). In den Wörterlisten sind die Unregelmäßigkeiten angegeben.

1. Beugungstyp:

pys-a-ty	schreiben	**chot-i-ty**	wollen
malju-wa-ty	malen	**pratsju-wa-ty**	arbeiten

2. Beugungstyp:

nos-y-ty	tragen	**let-i-ty**	fliegen
krytsch-a-ty	schreien		

Vergangenheit

Die Beugung in der Vergangenheit sieht ganz anders aus als für die Gegenwart. Hier wird nämlich nur unterschieden, ob die genannte Person ("ich, du, er/sie") männlich oder weiblich ist bzw. ob von einer Mehrzahl von Personen die Rede ist (also "wir, ihr, sie").

Insgesamt gibt es - ohne Ausnahmen - für die Vergangenheit nur drei Endungen, dieselben auch für den "unvollendeten" und "vollendeten" Aspekt (s. Kap. "Aspekte"). Sie werden an den Stamm des Verbs angehängt:

	Einzahl	Mehrzahl
m	**-w**	
w	**-la**	**-ly**
s	**-lo**	

ja pysaw	ich schrieb (m)	**ja pysala**	ich schrieb (w)
ty pysaw	du schriebst (m)	**ty pysala**	du schriebst (w)
wony pysaly	sie schrieben (Mz)	**wona pysala**	sie schrieb (w)

ity (gehen) hat in der Vergangenheit einen anderen Stamm, die Endungen sind aber regelmäßig, z. B.: **ja ischow:** "ich(m) ging", **ja ischla:** "ich(w) ging", **my ischly:** "wir gingen".

Zukunft

Die Zukunft von Verben des unvollendeten Aspekts (vgl. Kap. "Aspekte") bildet man mit der Zukunftsform des Hilfsverbs **buty** (sein). Dabei wird **buty** gebeugt und die Grundform des Verbs nachgestellt. Die Konstruktion ist also genauso wie im Deutschen, z. B. "ich werde gehen". Man drückt damit eine sich mehrmals oder regelmäßig wiederholende Handlung in der Zukunft aus.

buty	sein		
ja budu	ich werde	**my budemo**	wir werden
ty budesch	du wirst	**wy budete**	ihr werdet
win bude	er wird	**wony budut***	sie werden

Ja budu zawtra widjishaty.
ich werde morgen abfahren
Ich werde morgen abreisen.

Ja budu tschytaty.
ich werde lesen
Ich werde lesen.

Die Zukunft von Verben des vollendeten Aspekts ist sehr schwierig zu bilden. Wir wollen hier auf die Erklärung verzichten, da man mit der oben erklärten Form sehr gut zurechtkommt und immer verstanden wird.

Mitlautwechsel

Der Mitlautwechsel betrifft beide Beugungstypen, kommt aber nur in der Gegenwart vor. Dabei passiert folgendes: Der letzte Mitlaut des Stammes wird durch einen anderen Mitlaut ersetzt. Dies kommt entweder nur in der 1. Person Einzahl ("ich") oder in allen gebeugten Formen vor. (Der Mitlautwechsel ist in der Wörterliste angegeben.)

● Beim 1. Beugungstyp bleibt der neue Mitlaut in allen gebeugten Formen erhalten. In der Tabelle ist neben der Grundform jeweils die 1. und 2. Person Einzahl ("ich", "du") angegeben:

h wird zu **sh:**	**mohty** (können)	**moshu, moshesch ...**
z wird zu **sh**:	**skazaty** (sagen)	**skashu, skashesch ...**
k wird zu **tsch:**	**pekty** (backen)	**petschu, petschesch ...**
s wird zu **sch:**	**pysaty** (schreiben)	**pyschu, pyschesch ...**
t wird zu **tsch:**	**chotity** (möchten)	**chotschu, chotschesch ...**
ch wird zu **sch:**	**kolychaty** (lieben)	**kolyschu, kolyschesch ...**

● Beim 2. Beugungstyp kommt der Mitlautwechsel nur in der 1. Person Einzahl ("ich") vor, alle anderen gebeugten Formen behalten den alten Mitlaut:

d wird zu **dsh:**	**chodyty** (gehen):	**chodshu, chodysch ...**
z wird zu **sh:**	**wozyty** (mit sich führen):	**woshu, wozysch ...**
zd wird zu **sh/d:**	**jizdyty** (fahren):	**jishu, jizdysch ...**
t wird zu **tsch:**	**platyty** (bezahlen):	**platschu, platysch ...**
s wird zu **sch:**	**nosyty** (tragen):	**noschu, nosysch ...**
st w. zu **schtsch:**	**tschystyty** (reinigen):	**tschyschtschu, tschystysch ...**

Darüber hinaus gibt es weitere unregelmäßige Verben, die aber in erster Linie nichts mit dem Mitlautwechsel zu tun haben (vgl. Kap. "Unregelmäßige Verben").

Aspekte

Die Aspekte sind im Ukrainischen und anderen slawischen Sprachen eine grammatische Erscheinung, die es im Deutschen nicht gibt. Deshalb sind deren Bildung und vor allem der richtige Gebrauch sehr kompliziert.

In einer großen Zahl der Fälle gibt es jeweils zwei unterschiedliche Verben, die zwar gleich übersetzt werden, von denen das eine Verb aber den vollendeten, das andere den unvollendeten Aspekt darstellt. Die Grundbedeutung eines Verbs wird also durch zwei Verben konkretisiert. Diese Konkretisierung nennt man Aspektbedeutung.

unvollendeter Aspekt

Der unvollendete Aspekt bezeichnet die Dauer einer Handlung,

- ... die gerade abläuft, ohne daß sie beendet wird;
- ... die sich regelmäßig (oder unregelmäßig) oft wiederholt.

Verben des unvollendeten Aspekts können alle drei Zeitformen bilden, also Gegenwart, Vergangenheit, Zukunft (vgl. die jew. Kapitel). Sie stehen meist in Verbindung mit Umstandswörtern der Zeit, an denen man sie auch erkennen kann:

tschasto	oft	**zawshdy**	immer
dowho	lange	**nedowho**	nicht lange
schtschodnja	täglich	**zwytschajno**	gewöhnlich
sjohodni	heute	**ridko**	selten

Ja zawshdy snidaju rano.
ich immer frühstücke früh
Ich frühstücke immer früh.

Ja sjohodni nedowho spaw / spala.
ich heute nicht-lange schlief(m/w)
Ich habe heute nicht lange geschlafen.

vollendeter Aspekt

Der vollendete Aspekt bezeichnet die zeitliche Begrenzung oder das Resultat einer Handlung, wenn diese

- ... einmalig ist (oder war);
- ... konkret in Bezug auf Ort/Zeit und deren Abschluß absehbar ist;
- ... im aktuellen Moment des Sprechens abgeschlossen ist;
- ... ein unbedingtes Vorhaben, etwas zu tun, beinhaltet.

Verben des vollendeten Aspekts können nur die Vergangenheit und die Zukunft bilden.

Ja pryjichaw / pryjichala pizno.
ich anreiste(m/w) spät
Ich bin spät gekommen.

Ty pryjschow / pryjschla pizno.
du anreistest(m/w) spät
Du bist spät gekommen.

Ja napyschu tobi lyst.
ich werde-schreiben dir(3) Brief(4)
Ich werde dir einen Brief schreiben.

In den Wörterlisten im Anhang wird für einige Verben nur der unvollendete Aspekt angegeben, weil er leichter zu beugen ist und die Zukunft einfach durch **buty** + Grundform gebildet wird. Auch wenn beim Sprechen Feinheiten verlorengehen, bleibt die Grundbedeutung erhalten, und - was besonders wichtig ist - man wird trotzdem verstanden. Vergleiche:

unvollendeter Aspekt:
(Verlauf, Dauer)

Pojizd jide schwydko.
Zug fährt schnell
Der Zug fährt schnell.

vollendeter Aspekt:
(Resultat, feste Absicht)

Zawtra ja pojidu dodomu.
morgen ich fahre nach-Hause
Morgen fahre ich nach Hause.

Wtschora ischow doschtsch.
gestern ging(m) Regen
Gestern regnete es / hat es geregnet.

Sein & Haben

sein (buty)

buty (sein) ist wie im Deutschen ein Hilfsverb. Es wird sehr häufig gebraucht. Wichtiger ist jedoch, daß **buty** (sein) für die Bildung der Zukunft von unvollendeten Verben gebraucht wird. Es lohnt sich also, alle Beugungsformen kennenzulernen und vielleicht auch auswendig zu lernen.

● **Gegenwart:** Die Gegenwartsform von **buty** (sein) lautet **je** (bin, bist, ist ...) und ist immer unverändert. Sie wird aber nur in Sätzen verwendet, die ein Besitzverhältnis oder ein Vorhandensein kennzeichnen:

Dyrektor je.
Direktor ist
Der Direktor ist da.

U mene je dotschka.
bei mir(2) ist Tochter
Ich habe eine Tochter.

Im Unterschied zum Deutschen wird im Ukrainischen das Verb "sein" in der Gegenwart in solchen Sätzen wie "Ich bin Arzt.", "Wir sind Touristen.", "Heute ist schönes Wetter." nicht verwendet, man braucht es nicht:

Ja turyst / turystka.
ich Tourist(m/w)
Ich bin Tourist(in).

Sjohodni harna pohoda.
heute schönes Wetter
Heute ist schönes Wetter.

Win ne wdoma.
er nicht zu-Hause
Er ist nicht zu Hause.

Wy harna diwtschyna.
Ihr schönes Mädchen
Sie sind ein schönes Mädchen.

Im Kapitel "Eigenschaftswörter / Sätze ohne Verben" wurde bereits die Möglichkeit, mit Haupt- und Eigenschaftswörtern vollständige Sätze zu bilden, vorgestellt. Noch einmal zur Erinnerung: Das Eigenschaftswort richtet sich nach dem Hauptwort (grammatisches Geschlecht oder harte/weiche Gruppe). Statt des Hauptwortes kann auch ein persönliches Fürwort stehen:

Ty molodyj.
du jung(m)
Du bist jung.

Ty moloda.
du jung(w)
Du bist jung.

Wy molodi.
ihr/Ihr junge(Mz)
Ihr seid jung. / Sie sind jung.

● **Zukunft:** Die Zukunftsform von **buty** (sein) wird regelmäßig gebildet, und zwar nach dem Beugungsmuster des 1. Typs (vgl. Kapitel "Zukunft").

● **Vergangenheit:** Auch die Vergangenheitsform wird regelmäßig gebildet:

	Einzahl	Mehrzahl
m	**buw**	
w	**bula**	**buly**
s	**bulo**	

Ja buw / bula w kino.
ich war(m/w) in Kino(6)
Ich war im Kino.

My buly u teatri.
wir waren in Theater(6)
Wir waren im Theater.

Ja buw chworyj.
ich war(m) krank(m)
Ich war krank.

Ja bula chwora.
ich war(w) krank(w)
Ich war krank.

Achtung: Spricht ein Mann, wird die männliche Form von Verb und Eigenschaftswort benutzt; spricht eine Frau, wird die weibliche Form benutzt! (Zu den Fällen vgl. das Kap. "Fälle".)

haben, besitzen (maty)

Im Gegensatz zum Deutschen ist **maty** (haben, besitzen) kein Hilfsverb, sondern bedeutet eher "haben" im Sinne von "etwas besitzen". **Maty** wird regelmäßig nach dem 1. Beugungstyp gebeugt:

maty	haben		
ja maju	ich habe	**my majemo**	wir haben
ty majesch	du hast	**wy majete**	ihr habt
win maje	er hat	**wony majut***	sie haben

Nach **maty** (haben) steht das Hauptwort immer im 4. Fall (vgl. Kap. "Fälle"):

Ja maju maschynu.
ich besitze Auto(4)
Ich habe (besitze) ein Auto.

My majemo dim.
wir besitzen Haus(4)
Wir besitzen ein Haus.

Besitzverhältnisse kann man aber auch ohne **maty** (haben) bilden, und zwar mit dem Verhältniswort **u** (bei) und dem persönlichen Fürwort im 2. Fall, außerdem benötigt man **je** (ist; s. o.). Vergleiche dazu auch die Kapitel "Verhältniswörter" und "Wessen?, Wem?, Wen? ...". Hier nur ein Beispiel:

Ja maju knyhu.
ich besitze Buch(4)
Ich habe ein Buch.

U mene je knyha.
bei mir(2) ist Buch
Ich habe ein Buch.

Die Vergangenheitsform wird regelmäßig gebildet, also **maw** (haben, m), **mala** (haben, w), **maly** (haben, Mz).

Unregelmäßige Verben

Zu dieser Gruppe gehören Verben, die in der Gegenwart Abweichungen vom regulären Beugungsschema aufweisen. Für das Verb **dawaty / daty** (geben, unvoll. / voll.) ist hier neben der Gegenwartsform (unvoll.) auch die Zukunftsform (voll.) angegeben:

	jisty (essen)	**spaty** (schlafen)	**dawaty** (geben)	**daty** (geben werden)
ja	**jim**	**splju**	**daju**	**dam**
ty	**jisy**	**spysch**	**dajesch**	**dasy**
win	**jist***	**spyt***	**daje**	**dast***
my	**jimo**	**spymo**	**dajemo**	**damo**
wy	**jiste**	**spyte**	**dajete**	**daste**
wony	**jidjat***	**spljat***	**dajut***	**dadut***

Modalverben

Um ein anderes Verb zu "modifizieren", kombiniert man das gebeugte Modalverb mit dem Infinitiv (Grundform) des jeweiligen Verbs. Wer die Modalverben kennt, kann sich schon sehr gut behelfen, da ja nur die Modalverben gebeugt werden!

wollen (chotity)

chotity (wollen) wird genauso wie im Deutschen verwendet. Beachtet werden muß nur, daß bei der Beugung in der Gegenwart ein Mitlautwechsel stattfindet, hier von **-t-** zu **-tsch-** (vgl. Kap. "Mitlautwechsel):

chotity	wollen		
ja chotschu	ich will	**my chotschemo**	wir wollen
ty chotschesch	du willst	**wy chotschete**	ihr wollt
win chotsche	er will	**wony chotschut***	sie wollen

Win chotsche ity.
er will gehen
Er will gehen.

My chotschemo pryjty.
wir wollen kommen
Wir wollen kommen.

Ja chotschu morozywo.
ich will Eis(4)
Ich möchte Eis.

können, dürfen (mohty / umity)

"Können" wird im Ukrainischen in zwei Bedeutungen gebraucht, nur verwendet man dafür unterschiedliche Verben:

● **umity** (können) im Sinne von "eine Fähigkeit erworben/erlernt haben, zu etwas in der Lage sein":

Ja umiju plawaty.
ich kann schwimmen
Ich kann schwimmen.

Ty umijesch hraty w schachu.
du kannst spielen in Schach(6)
Du kannst Schach spielen.

● **mohty** (können) im Sinne von "die Möglichkeit zu etwas haben, in Abhängigkeit von den äußeren Bedingungen zu etwas in der Lage sein" oder "physisch in der Lage sein". Bei der Beugung in der Gegenwart findet für alle Personen ein Mitlautwechsel statt, und zwar von **-h-** zu **-sh-** (vgl. Kap. "Mitlautwechsel):

mohty	können		
ja moshu	ich kann	**my moshemo**	wir können
ty moshesch	du kannst	**wy moshete**	ihr könnt
win moshe	er kann	**wony moshut***	sie können

Ja moshu jizdyty do Was.
ich kann fahren zu Euch(2)
Ich kann zu Ihnen fahren.

Ja moshu tschytaty.
ich kann lesen
Ich kann lesen.

● Von dem Verb **mohty** (dürfen, können) kann man die unpersönliche Form **moshna** (man darf) bilden, im Sinne von "die Erlaubnis zu etwas haben". Diese Frage wird vor allem in Situationen verwendet, in denen man um Erlaubnis für etwas bitten will.

Moshna?
(man-)darf
Darf man?

Moshna palyty / zajty?
(man-)darf rauchen / vorbeikommen
Darf man rauchen / eintreten?

Wenn **moshna** mit einem Hauptwort (im 4. Fall) kombiniert wird, ergibt sich folgender Sinn:

Moshna knyshku?
(man-)darf Buch(4)
Darf man ein Buch nehmen?

sollen, müssen (musyty / treba)

● "müssen, sollen" im Sinne von "den Auftrag, die Pflicht haben" wird mit **musyty** ausgedrückt. Die Beugung ist nicht ganz regelmäßig, d. h., hier findet ein Mitlautwechsel von **-s-** zu **-sch-** statt, allerdings nur für die 1. Person Einzahl ("ich") (vgl. Kap. "Mitlautwechsel").

musyty	müssen		
ja muschu	ich muß	**my musymo**	wir müssen
ty musysch	du mußt	**wy musyte**	ihr müßt
win musyt*	er muß	**wony musjat***	sie müssen

Ja muschu wtschasno ity dodomu.
ich muß pünktlich gehen nach-Hause
Ich muß pünktlich nach Hause gehen.

● **treba** (man muß) im Sinne von "es ist notwendig" gibt es nur in dieser Form; es ist unveränderlich:

Treba tschekaty.
(man-)muß warten
Man muß warten.

Treba jichaty.
(man-)muß fahren
Man / Ich muß fahren.

mögen, lieben (ljubyty)

ljubyty	lieben		
ja ljublju	ich liebe	**my ljubymo**	wir lieben
ty ljubysch	du liebst	**wy ljubyte**	ihr liebt
win ljubyt*	er liebt	**wony ljubljat***	sie lieben

Bei einigen Verben, wie auch bei **ljubyty,** wird vor die Beugungsendung der 1. Pers. Ez. ("ich") und der 3. Pers. Mz. ("sie") ein **-l-** geschoben. Die Vergangenheitsformen lauten: **ljubyw** (m), **ljubyla** (w), **ljubyly** (Mz).

● Das Verb **ljubyty** (mögen, lieben) kann wie ein normales Verb verwendet werden, eine Satzergänzung steht immer im 4. Fall (vgl. Kap. "Fälle"), z. B.:

Ja ljublju tebe.
ich liebe dich(4)
Ich liebe dich.

Ja ljublju mystetstwo.
ich liebe Kunst(4)
Ich liebe Kunst.

● **ljubyty** (mögen, lieben) im Sinne von "etwas gern tun, etwas lieben zu tun" wird wie ein Hilfsverb gebraucht. Die Ukrainer verwenden es in diesem Sinne oft.

Ja ljublju sluchaty muzyku.
ich liebe hören Musik(4)
Ich höre gern Musik.

Ja ljublju podoroshuwaty.
ich liebe reisen
Ich reise gern.

Verben der Richtung / Bewegung

Außer den Aspektpaaren gibt es im Ukrainischen Verben, vor allem Verben der Bewegung, die im unvollendeten Aspekt stehen und hier Paare bilden, die eine Bewegung in Bezug auf ihre Richtung beschreiben. Diese Verben werden sehr häufig verwendet, weswegen hier einige der wichtigsten erklärt werden sollen.

Bewegung in einer Richtung:
(jetzt gerade, im Moment)

● "gehen": **ity**
(ja idu, ty idesch ...)

Ja idu w teatr.
ich gehe in Theater(4)
Ich gehe ins Theater.

● "fahren": **jichaty**
(ja jidu, ty jidesch ...)

My jidemo na wystawku.
wir fahren auf Ausstellung(4)
Wir fahren zur Ausstellung.

Hin- und Herbewegung:
(immer wieder, regelmäßig)

chodyty
(ja chodshu, ty chodysch ...)

Ja tschasto chodshu w teatr.
ich oft gehe in Theater(4)
Ich gehe oft ins Theater.

jizdyty
(ja jishshu, ty jizdysch ...)

Win jizdyt* na pljash.
er oft fährt auf Strand(4)
Er fährt oft an den Strand.

Rückbezügliche Verben

Rückbezügliche Verben, z. B. "sich waschen", erkennt man meistens an der Endung **-sja** ("sich"), die an viele Verben einfach angehängt werden kann, wenn dies einen Sinn macht.

domowljatysja	sich verabreden
proschtschatysja	sich verabschieden
weselytysja	sich vergnügen
zabludytysja	sich verirren
znachodytysja	sich befinden
znajomytysja	sich bekanntmachen
skarshytysja	sich beschweren

Ja chotschu skarshytysja.
ich möchte beschweren-sich
Ich möchte mich beschweren.

Ja zabludywsja / zabludylasja.
ich verirrte-sich(m/w)
Ich habe mich verirrt.

Bei der Beugung verändert sich die Endung **-sja** (sich) nicht, sie wird an das gebeugte Verb angehängt. Manchmal kann man die Endung **-sja** ("sich") weglassen und erhält ebenfalls ein sinnvolles Verb:

zustritschatysja sich mit jemandem treffen	**zustritschaty** jem. treffen/begegnen/abholen
wybatschytysja sich für etwas entschuldigen	**wybatschyty** etwas entschuldigen

Ja sjohodni zustritschaju moju drushynu na wokzali.
ich heute abhole meine Frau auf Bahnhof(6)
Ich hole meine Frau heute auf dem Bahnhof ab.

Ja sjohodni zustritschajusja z druzjamy.
ich heute treffe-sich mit Freunden(5)
Ich treffe mich heute mit Freunden.

Nicht alle Verben, die im Ukrainischen rückbezüglich sind, müssen die rückbezügliche Endung **-sja** haben:

rozmowljaty	unterhalten	sich unterhalten
pryjmaty dusch	aufnehmen Dusche	sich duschen

rozmowljaty z druhom	**Wrantsi ja pryjmaju dusch.**
unterhalten mit Freund(5)	morgens ich nehme Dusche(4)
sich mit dem Freund unterhalten	Morgens dusche ich (mich).

Es gibt einige wenige Verben, die rückbezüglich sind und nicht **-sja** enthalten, sondern das unveränderliche **sebe** (sich) dem Verb nachstellen, z. B. **potschuwaty sebe** (sich fühlen): **potschuwaju sebe** (ich fühle mich), **potschuwajesch sebe** (du fühlst dich) usw.

Fälle

Das Ukrainische verfügt über ein umfangreiches und kompliziertes System von Fällen: Im Deutschen gibt es nur vier Fälle, im Ukrainischen dagegen sieben. Im Ukrainischen werden Hauptwörter, Eigenschaftswörter, persönliche sowie besitzanzeigende Fürwörter durch bestimmte Endungen gebeugt.

Folgende sieben Fälle gibt es im Ukrainischen:

1. Nominativ (Werfall, Frage: wer?)	"der Freund"
2. Genitiv (Wesfall, Frage: wessen?)	"des Freundes"
3. Dativ (Wemfall, Frage: wem?)	"dem Freund"
4. Akkusativ (Wenfall, Frage: wen?)	"den Freund"
5. Instrumental (Frage: mit wem?)	"mit dem Freund"
6. Lokativ (Frage: wo?, wohin?)	"beim/zum Freund"
7. Vokativ ("Anredefall")	"Freund!"

Zur besseren Kennzeichnung der Fälle steht in der Wort-für-Wort-Übersetzung in Klammern die "Nummer" des betreffenden Falls.

1. bis 4. Fall

Die ersten vier Fälle werden eigentlich wie im Deutschen gebraucht: Der 1. Fall (Nominativ) ist das "normale" (ungebeugte) Wort. In dieser Form stehen die Wörter in den Wörterlisten.

Der 2. Fall (Genitiv) steht wie im Deutschen in Konstruktionen wie "der Vater des Kindes" oder nach bestimmten Verhältniswörtern (vgl. Kap. "Verhältniswörter").

Der 3. und 4. Fall werden ähnlich wie im Deutschen verwendet, natürlich gibt es Unterschiede. Außerdem stehen diese Fälle auch nach bestimmten Verhältnis- und Tätigkeitswörtern.

druh druha
Freund Freund(2)
der Freund des Freundes

Ja daju druhowi knyshku.
ich gebe Freund(3) Buch(4)
Ich gebe dem Freund das Buch.

Ja batschu druha.
ich sehe Freund(4)
Ich sehe den Freund.

5. Fall (Instrumental)

Der 5. Fall (Instrumental) kennzeichnet das Instrument, mit dem etwas geschieht, oder die Person, mit der etwas geschieht. Wenn das "Instrument" ein Gegenstand ist, braucht man kein zusätzliches Verhältniswort (z. B. "mit").

Ja jidu maschynoju.
ich fahre Auto(5)
Ich fahre mit dem Auto.

Ja zachopljujusja muzykoju.
ich beschäftige-sich Musik(5)
Ich beschäftige mich mit Musik.

Wenn das "Instrument" eine Person ist, braucht man ein zusätzliches Verhältniswort, z. B. **z** (mit) oder **zi** (vor Wörtern mit mehreren Mitlauten am Wortanfang):

Ja howorju z druhom / z shinkoju.
ich spreche mit Freund(5) / mit Frau(5)
Ich spreche mit dem Freund / mit der Frau.

zi mnoju
mit mir(5)
mit mir

6. Fall (Lokativ)

Der Lokativ bezeichnet den Ort, an dem etwas geschieht. Zusätzlich braucht man wie im Deutschen ein Verhältniswort:

Ja shywu w Nimetschyni.
ich wohne in Deutschland(6)
Ich wohne in Deutschland.

U naschomu misti je opernyj teatr.
in unserer Stadt(6) ist Opern Theater
In unserer Stadt ist ein Operntheater.

Kwytok leshyt* na stoli.
Eintrittskarte liegt auf Tisch(6)
Die Eintrittskarte liegt auf dem Tisch.

7. Fall (Vokativ)

Der Vokativ ("Anredefall") ist für die Anrede bestimmt:

Drushe!	**Pani Petrowa!**	**Pane Petrow!**
Freund(7)	Frau(7) Petrowa	Herr(7) Petrow
O (du) Freund!	Frau Petrowa!	Herr Petrow!

Beugung der Hauptwörter

Eine große Bedeutung beim Gebrauch der Fälle haben die Verhältniswörter, die jeweils bestimmte Fälle nach sich ziehen. Eine Aufstellung der gebräuchlichsten Verhältniswörter mit den dazugehörigen Fällen steht im Kapitel "Verhältniswörter".

Bei der Beugung werden die Hauptwörter nicht nur in "harte" bzw. "weiche" Gruppen eingeteilt, sondern es wird darüber hinaus entschieden, ob das Hauptwort ein Lebewesen oder einen Gegenstand bezeichnet (hier als "belebt" und "unbelebt" benannt).

Nicht nur die Hauptwörter, sondern darüber hinaus auch die Eigenschaftswörter, Fürwörter, Zahlwörter und Fragewörter können gebeugt werden. Diese Beugungsendungen werden hier allerdings nicht erklärt, da man sie als Tourist eigentlich nicht benötigt. (Zu den Frage- und Zahlwörtern vergleiche entsprechende Kapitel.)

Damit man sich die Beugungsmuster der Hauptwörter besser einprägen kann, sind sie zusammen mit einem Beispielwort aufgeführt; die Endungen sind zur besseren Übersicht durch einen Bindestrich abgetrennt.

männliche Hauptwörter Einzahl

	hart: auf Mitlaut		hart: auf **-o**
	belebt: **brat** (Bruder)	unbelebt: **teatr** (Theater)	belebt: **bat*ko** (Vater)
1.	**brat**	**teatr**	**bat*k-o**
2.	**brat-a**	**teatr-u**	**bat*k-a**
3.	**brat-owi/-u**	**teatr-u**	**bat*k-owi/-u**
4.	**brat-a**	**teatr**	**bat*k-a**
5.	**brat-om**	**teatr-om**	**bat*k-om**
6.	**brat-owi/-u**	**teatr-i**	**bat*k-owi/-u**
7.	**brat-e**	**teatr-e**	**bat*k-u**

	weich: auf **-j**	
	belebt **wodij** (Fahrer)	unbelebt: **kraj** (Gebiet)
1.	**wodij**	**kraj**
2.	**wodi-ja**	**kra-ju**
3.	**wodi-jewi/-u**	**kra-ju/-jewi**
4.	**wodi-ja**	**kraj**
5.	**wodi-jem**	**kra-jem**
6.	**wodi-ji**	**kra-ju/-ji**
7.	**wodi-ju**	**kra-ju**

weibliche Hauptwörter Einzahl

	hart: auf **-a**		hart: Mitl.
	belebt: **mama** (Mama)	unbelebt: **doschka** (Schultafel)	unbelebt: **nitsch** (Nacht)
1.	**mam-a**	**doschk-a**	**nitsch**
2.	**mam-y**	**doschk-y**	**notsch-i**
3.	**mam-i**	**doschts-i**	**notsch-i**
4.	**mam-u**	**doschk-u**	**nitsch**
5.	**mam-oju**	**doschk-oju**	**nitsch-ju**
6.	**mam-i**	**doschts-i**	**notsch-i**
7.	**mam-o**	**doschk-o**	**notsch-e**

Weibliche Hauptwörter, deren Stamm im 1. Fall auf **-k, -g** oder **-ch** enden, haben im 3. und 6. Fall einen Mitlautwechsel: **-k** wird zu **-ts, -g** wird zu **-z,** und **-ch** wird zu **-s!** Im obigen Beispiel wird daher **doschka** (Schultafel, 1. Fall) zu **doschtsi** (3. + 6. Fall).

Bei weiblichen einsilbigen Hauptwörtern mit einem **-i-** im Stamm wird im 2., 3., 6. und 7. Fall das **-i-** durch **-o-** ersetzt, wie z. B. bei **nitsch** (Nacht) und **sil*** (Salz).

	weich: auf **-ja**		weich: auf **-***
	belebt: **simja** (Familie)	unbelebt: **nadija** (Hoffnung)	unbelebt: **sil*** (Salz)
1.	**sim-ja**	**nadi-ja**	**sil***
2.	**sim-ji**	**nadi-ji**	**sol-i**
3.	**sim-ji**	**nadi-ji**	**sol-i**
4.	**sim-ju**	**nadi-ju**	**sil***
5.	**sim-jeju**	**nadi-jeju**	**sil-ju**
6.	**sim-ji**	**nadi-ji**	**sol-i**
7.	**sim-je**	**nadi-je**	-

sächliche Hauptwörter Einzahl

	hart: auf **-o**	weich: auf **-e**	weich: auf **-ja**
	unbelebt: **misto** (Stadt)	unbelebt: **more** (Meer)	unbelebt: **shytja** (Leben)
1.	**mist-o**	**mor-e**	**shyt-ja**
2.	**mist-a**	**mor-ja**	**shyt-ja**
3.	**mist-u**	**mor-ju**	**shyt-ju**
4.	**mist-o**	**mor-e**	**shyt-ja**
5.	**mist-om**	**mor-em**	**shyt-jam**
6.	**mist-i**	**mor-i**	**shyt-i**
7.	**mist-o**	**mor-e**	**shyt-ja**

Mehrzahl

Männliche und weibliche Hauptwörter enden in der Mehrzahl auf **-y** (harte Gruppe) oder auf **-i** (weiche Gruppe; vgl. Kap. "Hauptwörter/ Mehrzahl"). Werden die Hauptwörter nun gebeugt, wird die Mehrzahlendung durch die jeweilige Fall-Endung ersetzt.

	männlich		sächlich	
	hart: **braty** (Brüder)	weich: **kraji** (Gebiete)	hart: **mista** (Städte)	weich: **morja** (Meere)
1.	**brat-y**	**kra-ji**	**mist-a**	**mor-ja**
2.	**brat-iw**	**kra-jiw**	**mist**	**mor-iw**
3.	**brat-am**	**kra-jam**	**mist-am**	**mor-jam**
4.	**brat-iw**	**kra-ji**	**mist-a**	**mor-ja**
5.	**brat-amy**	**kra-jamy**	**mist-amy**	**mor-jamy**
6.	**brat-ach**	**kra-jach**	**mist-ach**	**mor-jach**
7.	**brat-y**	**kra-ji**	**mist-a**	**mor-ja**

	weiblich		
	hart: **shinky** (Frauen)	weich: **simji** (Familien)	hart: **notschi** (Nächte)
1.	**shink-y**	**sim-ji**	**notsch-i**
2.	**shinok**	**sim-ej**	**notsch-ej**
3.	**shink-am**	**sim-jam**	**notsch-am**
4.	**shinok**	**sim-ji**	**notsch-i**
5.	**shink-amy**	**sim-jamy**	**notsch-amy**
6.	**shink-ach**	**sim-jach**	**notsch-ach**
7.	**shink-y**	**sim-ji**	**notsch-i**

Wie man sieht, ist die Beugung mit Hauptwörtern in der Mehrzahl einfacher: Die männlichen, weiblichen und sächlichen Hauptwörter haben nur im 1., 2. und 4. Fall verschiedene Fall-Endungen.

Bei einigen weiblichen Hauptwörtern wird im 2. und 4. Fall (bei belebten) oder nur im 2. (bei unbelebten) jeweils ein **-o** oder **-e** eingeschoben und keine Endung angefügt, z. B. **shink-y** (Frauen, 1. Fall) wird zu **shinok** (2., 4. Fall), **zemli** (Ländereien, 1. Fall) wird zu **zemel*** (2. Fall).

Wessen? Wem? Wen? ...

Noch mal zur Erinnerung: Die persönlichen Fürwörter im 1. Fall (Nominativ) sind die ganz normalen persönlichen Fürwörter, die im gleichnamigen Kapitel vorgestellt werden. Wird aber (z. B. nach einem bestimmten Verhältniswort oder einem Verb) ein anderer Fall verlangt, müssen wie im Deutschen auch die persönlichen Fürwörter gebeugt werden.

Im folgenden Satz wird z. B. das persönliche Fürwort im 3. Fall verlangt (die Zahlen bezeichnen den Fall, s. Kap. "Fälle"):

Ja bashaju tobi schtschastja.
ich wünsche dir(3) Glück(2)
Ich wünsche dir Glück.

Ez:	**ja** (ich)	**ty** (du)	**win** (er)	**wona** (sie)
2.	**mene/u mene**	**tebe/u tebe**	**joho/u njoho**	**jiji/u neji**
3.	**meni**	**tobi**	**jomu**	**ji**
4.	**mene**	**tebe**	**joho**	**jiji**
5.	**mnoju**	**toboju**	**nym**	**neju**
6.	**na meni**	**na tobi**	**na njomu**	**na nij**
Mz:	**my** (wir)	**wy** (ihr/Sie)	**wony** (sie)	
2.	**nas/u nas**	**was/u was**	**jich/u nych**	
3.	**nam**	**wam**	**jim**	
4.	**nas**	**was**	**nych**	
5.	**namy**	**wamy**	**nymy**	
6.	**na nas**	**na was**	**na nych**	

Für den 2. Fall sind jeweils zwei Formen angegeben. Wie bereits im Kapitel "Sein & Haben" angesprochen, wird mit dem Verhältniswort **u** (bei) und dem im 2. Fall gebeugten persönlichen Fürwort ein Besitzverhältnis ausgedrückt; darüber hinaus benötigt man die Gegenwartsform von **buty** (sein), sie lautet unverändert **je** (ist). Die Satzergänzung steht immer im 1. Fall, sie kann also unverändert aus den Wörterlisten übernommen werden:

U mene je awtomobil*.
bei mir(2) ist Auto
Ich habe (besitze) ein Auto.

U nas je dim.
bei uns(2) ist Haus
Wir haben (besitzen) ein Haus.

bez mene
ohne mich(2)
ohne mich

u mene
bei mir(2)
bei mir

Meni dushe schkoda.
mir(3) sehr leid
Es tut mir sehr leid.

Ja ljublju tebe.
ich liebe dich(4)
Ich liebe dich.

Ja Wam dushe wdjatschnyj / wdjatschna.
ich Euch(3) sehr dankbar(m/w)
Ich bin Ihnen sehr dankbar.

Wortstellung

Die Wortfolge im ukrainischen Satz kann stärker variieren als im Deutschen. Dennoch gibt es bestimmte Regeln, nach denen die Satzglieder im Satz angeordnet werden. Als Muster soll hier die Wortstellung im einfachen Aussagesatz vorgestellt werden. (Zur Wortstellung im Fragesatz vergleiche Kapitel "Fragen".) Die Satzstellung im einfachen Satz ist wie im Deutschen:

Hauptwort	Verb	Satzergänzung	Umstandsergänzung
Druh Freund	**zaproschuje** bittet	**nas** uns(4)	**w hosti.** in Gast(6)
Der Freund lädt uns zu Gast ein.			

My chotschemo kupyty ukrajins*kyj suwenir.
wir wollen kaufen ukrainisches(4) Souvenir(4)
Wir wollen ein ukrainisches Souvenir kaufen.

Ja snidaju w nomeri.
ich frühstücke in Zimmer(6)
Ich frühstücke im (Hotel)Zimmer.

Ja chotschu pojichaty do Tschornoho morja.
ich will fahren bis Schwarzes(2) Meer(2)
Ich will ans Schwarze Meer fahren.

Bindewörter (Konjunktionen)

Bindewörter können genauso wie im Deutschen verwendet werden. Sie verbinden bei- und untergeordnete Wörter oder Sätze.

i, ta	und	**schtscho**	daß
abo	oder	**abo ... abo**	entweder ... oder
ale, a	aber	**bo**	weil
jak	wie	**jakschtscho**	wenn, falls
ni ... ni	weder ... noch	**tschy**	ob
schtschob	um zu	**to**	so, dann

Win skazaw, schtscho pryjde sjohodni.
er sagte(m), daß (er-)kommt heute
Er hat gesagt, daß er heute kommt.

Abo sjohodni, abo zawtra pryjide moja simja.
entweder heute, oder morgen herfährt meine Familie
Entweder heute oder morgen kommt meine Familie her.

Jakschtscho Wam tse podobajet*sja, to ja prywezu.
wenn Euch(3) das (es-)gefällt-sich, so ich bringe
Wenn Ihnen das gefällt, werde ich es Ihnen beschaffen.

Verhältniswörter (Präpositionen)

Wie im Deutschen ziehen die Verhältniswörter ebenfalls jeweils bestimmte Fälle nach sich, d. h., daß das nachfolgende Haupt-, Eigenschafts-, Für- oder Zahlwort im geforderten Fall gebeugt werden muß (vgl. auch Kap. "Fälle").

Die Verhältniswörter werden nach Fällen sortiert aufgeführt:

2. Fall

bez	ohne	**do**	bis, zu
z	von (örtl.)	**wid**	von (örtl.)
krim	außer	**proty**	gegen
iz / z	aus	**pislja**	nach
zamist*	anstatt	**u**	bei

bez mene
ohne mich(2)
ohne mich

krim tebe
außer dir(2)
außer dir

Mit **u** (bei) kann man Besitzverhältnisse ausdrücken. Es folgt das im 2. Fall gebeugte persönliche Fürwort (2. Variante) und **je** (ist), die Gegenwartsform von **buty** (sein):

U mene je brat.
bei mir(2) ist Bruder
Ich habe einen Bruder.

U Was je maschyna?
bei Euch(2) ist Auto
Haben Sie ein Auto?

3. Fall	**o**	um (Uhrzeit)

Mit **o** (um) wird nur die Uhrzeit angegeben. Dazu braucht man außerdem die Ordnungszahlen (s. Kap. "Zahlen und Zählen").

o dewjatij hodyni
um neunte(3) Stunde(3)
um neun Uhr

o druhij hodyni
um zweite(3) Stunde(3)
um zwei Uhr

4. Fall	**tscherez**	in (zeitl.); durch, über (örtl.)
	za	in, innerhalb (zeitl.)

tscherez wulytsju
über Straße(4)
über die Straße

tscherez hodynu
über Stunde(4)
in einer Stunde

za dwi hodyny
in zwei Stunden(4)
innerhalb von zwei Stunden

5. Fall	**pered**	vor
	za	hinter
	z / zi	mit

pered domom
vor Haus(5)
vor dem Haus

z druhom
mit Freund(5)
mit dem Freund

6. Fall		
	na	auf
	u	in (zeitl.)
	w / u	in (örtl.)
	na	in (örtl.)

Bei einigen Verhältniswörtern gibt es jeweils zwei Möglichkeiten, z. B. **z** oder **zi** (mit), **w** oder **u** (in, örtl.). Die Wahl hängt von der lautlichen Umgebung ab: Vor und nach einem Selbstlaut steht meist **z** bzw. **w,** vor und nach einem Mitlaut (bzw. Mitlauten) meist **zi** bzw. **u.**

z namy	mit uns(5)	mit uns
zi mnoju	mit mir(5)	mit mir
w uniwersyteti	in Universität(6)	in der Universität
u mahazyni	in Geschäft(6)	im Geschäft

Die Verhältniswörter **na** und **w / u** (in, örtl.) bilden feste Verbindungen mit bestimmten Hauptwörtern. In der Regel wird für flache unbegrenzte Flächen **na** und für begrenzte Flächen und Gebäude **w** bzw. **u** verwendet. Das Hauptwort steht hier immer im 6. Fall:

na stadioni	im Stadion	**u mahazyni**	im Geschäft
na ploschtschi	auf dem Platz	**u teatri**	im Theater
na wulytsi	auf der Straße	**w uniwermazi**	im Kaufhaus

Verneinung

● Verben und Hauptwörter werden mit vorangestelltem **ne** (nicht, kein) verneint:

Ja ne rozumiju.
ich nicht verstehe
Ich verstehe nicht.

Kimnata meni ne podobajet*sja.
Zimmer mir(3) nicht gefällt-sich
Das Zimmer gefällt mir nicht.

Win ne tut, a wdoma.
er nicht hier, aber zu-Hause
Er ist nicht hier, sondern zu Hause.

Ja ne pryjdu.
ich nicht komme
Ich komme nicht.

Tse ne harno.
das nicht schön
Das ist nicht schön.

● Das Wort **ni** (nein) steht oft zusätzlich zur Verneinung:

Ni, ja sjohodni ne pryjdu.
nein, ich heute nicht komme
Nein, ich komme heute nicht.

● Wird ein Hauptwort mit der unpersönlichen Verneinungskonstruktion **nema** (es gibt nicht) verneint, steht dieses im 2. Fall:

Nema chliba.
(es-)nicht-gibt Brot(2)
Es gibt kein Brot.

Nema tschasu.
(es-)nicht-gibt Zeit(2)
Ich habe keine Zeit.

Joho nema wdoma.
ihn(2) (es)nicht-gibt zu-Hause
Er ist nicht zu Hause.

● Werden die folgenden speziellen Verneinungen verwendet, wird das Verb zusätzlich verneint (also doppelte Verneinung). Möglich ist die Verneinung mit **ne** (nicht) oder **nema** (es gibt nicht):

nitschoho	nichts	**nichto**	niemand
nide	nirgends	**nikoly**	niemals

Nitschoho nema.
nichts (es-)nicht-gibt
Es gibt nichts.

Tut nema nide chliba.
hier (es-)nicht-gibt nirgends Brot(2)
Hier gibt es kein Brot.

Achtung: **nitcho** (niemand) kann gebeugt werden. Es ist von **chto** (jemand, wer?) abgeleitet. Der 2. Fall von **chto** lautet **koho,** und **nikoho** stellt die Verneinung von **koho** dar, wörtlich: "nicht jemandes" (vgl. a. Kap. "Fragen").

Ja tut nikoho ne znaju.
ich hier nicht-jemand(2) nicht kenne
Ich kenne hier niemanden.

Nichto nitschoho ne znaje.
niemand nichts nicht weiß
Niemand weiß Bescheid.

Nide ne mih / mohla kupyty pywa.
nirgends nicht konnte(m/w) kaufen Bier(2)
Ich konnte nirgends Bier kaufen.

Fragen

Entscheidungsfragen

Entscheidungsfragen kann man nur mit "ja" oder "nein" beantworten. Sie werden ohne Fragewörter gebildet. Die Wortstellung ist in der Regel genauso wie im Aussagesatz. Das Wort, nach dem gefragt wird, wird besonders betont.

Win buw u teatri.
er war(m) im Theater(6)
Er war im Theater.

Win buw u teatri?
er war(m) im Theater(6)
War er im Theater?

Die Wortstellung wird aber manchmal auch vertauscht:

Pojizd widchichaw.
Zug abfuhr(m)
Der Zug ist abgefahren.

Widchichaw pojizd?
abfuhr(m) Zug
Ist der Zug abgefahren?

Ergänzungsfragen

Ergänzungsfragen werden mit Fragewörtern gebildet. Man antwortet mit einem vollständigen Satz. Die Fragewörter stehen in den meisten Fällen am Satzanfang, dann folgen das Verb und der Fragegegenstand.

Wie man in der folgenden Tabelle sieht, kann das Fragewort **chto?** (wer?) gebeugt werden. In der Antwort muß der Fragegegenstand dann in demselben Fall stehen.

chto?	wer?	**zwidky?**	woher?
koho?	wessen?	**koly?**	wann?
wessen(2)		**skil*ky?**	wieviel?
komu?	wem?	**jakyj?**	welcher?
wem(3)		**kotryj?**	welch ein?
koho?	wen?	**tschy?**	ob?
wen(4)		**schtscho?**	was?
kym?	mit wem?	**kudy?**	wohin?
mit-wem(5)		**tschomu?**	warum?
na komu?	zu wem?	**zwidkoly?**	seit wann?
zu-wem(6)		**jak?**	wie?
de?	wo?	**jak tschasto?**	wie oft?
tschyj?*	wessen?		

* Achtung: **tschyj?** (wessen?) richtet sich in Zahl und Geschlecht nach dem dazugehörigen Hauptwort: **tschyja** (w), **tschyje** (s), **tschyji** (Mz)

Tschyj tse budynok?
wessen dieses(s) Haus
Wessen Haus ist das?

Tschyj tse pasport?
wessen dieser(s) Ausweis
Wessen Ausweis ist das?

De znachodyt*sja Wolodymyrs*kyj sobor?
wo befindet-sich Wladimir Kathedrale
Wo befindet sich die Wladimir-Kathedrale?

Jak projty do poschty?
wie durchgehen bis Postamt(2)
Wie kommt man zum Postamt?

U koho je zajwyj kwytok?
bei wessen(2) ist übrig Karte
Wer hat eine Karte übrig?

Chto tse?
wer dieses(s)
Wer ist das?

Schtscho tse?
was dieses(s)
Was ist das?

Chto tam?
wer dort
Wer ist dort?

Schtscho tam?
was dort
Was ist dort?

Tschy je u Was pliwka?
ob ist bei Euch(2) Film
Haben Sie einen Film?

Schtscho tobi podobajet*sja?
was dir(3) gefällt-sich
Was gefällt dir?

Koly potschynajet*sja wystawa?
wann beginnt-sich Vorstellung
Wann beginnt die Vorstellung?

Jak Wy poshywajete?
wie Ihr lebt
Wie geht es Ihnen?

Kudy Wy jidete?
wohin Ihr fahrt
Wohin fahren Sie?

Jak Was zwut*?
wie Ihr (sie-)nennen
Wie heißen Sie?

Wenn man alte Bekannte oder Freunde wiedersieht, sagt man oft:

Koho ja batschu?
wen(4) ich sehe
Wen sehe ich?

Auffordern

Es gibt je eine Befehlsform für die Ein- und für die Mehrzahl. Um diese Formen zu bilden, streicht man von der Grundform des Verbs die Endung **-ty** weg. An diesen Stamm hängt man - je nachdem, ob er auf einen Selbst- oder Mitlaut endet - die Endungen aus folgender Tabelle an. Endet ein Stamm auf einen Mitlaut und ist dabei mehrsilbig, streicht man davon eine weitere Endung ab, um die Befehlsform zu bilden. Zur Kennzeichnung der Befehlsform steht in der Wort-für-Wort-Übersetzung ein Ausrufezeichen in Klammern.

Stamm auf:	Selbstlaut	Mitlaut einsilbig	Mitlaut mehrsilbig
Einzahl:	**-j**	**-y**	**-***
Mehrzahl:	**-jte**	**-it***	**-*te**

Jemanden, den man siezt, fordert man mit der Mehrzahlform auf.

daty	geben	**nesty**	tragen	**dozwolyty**	erlauben
daj!	gib!	**nesy!**	trag!	**dozwol*!**	erlaub!
dajte!	gebt!	**nesit*!**	tragt!	**dozwol*te!**	erlaubt!

Bud* laska, skashit* meni!
bitte, sagt(!) mir(3)
Bitte, sagen Sie mir!

Pidijdit* sjudy!
herkommt(!) hierher
Kommen Sie hierher!

Dopomoshit* meni!
helft(!) mir(3)
Helfen Sie mir!

Dozwol*te, zapytaty!
erlaubt(!), fragen
Erlauben Sie die Frage!

Powtorit*!
wiederholt(!)
Wiederholen Sie!

Zachod*te!
eintretet(!)
Treten Sie ein!

Potschekajte chwylynku!
wartet(!) Minute(4)
Warten Sie einen Augenblick!

Dozwol*te, zapalyty?
erlaubt(!), rauchen
Gestatten Sie, daß ich rauche?

Dozwol*te, zwertatysja do Was z prochannjam!
erlaubt(!), wenden-sich zu Euch(2) mit Bitte(5)
Erlauben Sie, daß ich mich mit einer Bitte an Sie wende?

Es gibt im Ukrainischen auch die Möglichkeit, die Befehlsform mit **chaj** zu bilden, das man vor die gebeugte Form des Verbs stellt. In familiären und inoffiziellen Gesprächen wird **chaj** oft verwendet. Es bedeutet so viel wie "laßt, soll":

Ta, chaj sydyt*!
ach, soll (er-)sitzt
Ach, er soll sitzenbleiben!

Chaj win zajde do mene!
soll er vorbeikommt bis mich(2)
Soll er bei mir vorbeikommen!

Zahlen und Zählen

Grundzahlen

Bei den Zahlen 1 und 2 unterscheidet man männliche, weibliche und sächliche Formen.

0	**nul***	10	**desjat***
1	**odyn** (m), **odna** (w), **odne** (s)	11	**odynadtsjat***
2	**dwa** (m, s), **dwi** (w)	12	**dwanadtsjat***
3	**try**	13	**trynadtsjat***
4	**tschotyry**	14	**tschotyrnadtsjat***
5	**pjat***	15	**pjatnadtsjat***
6	**schist***	16	**schistnadtsjat***
7	**sim**	17	**simnadtsjat***
8	**wisim**	18	**wisimnadtsjat***
9	**dewjat***	19	**dewjatnadtsjat***

10	**desjat***	100	**sto**
20	**dwadtsjat***	200	**dwisti**
30	**trydtsjat***	300	**trysta**
40	**sorok**	1000	**tysjatscha**
50	**pjatdesjat**	10.000	**desjat* tysjatsch**
60	**schistdesjat**	100.000	**sto tysjatsch**
70	**simdesjat**	1.000.000	**odyn miljon**
80	**wisimdesjat**		
90	**dewjanosto**		

Die zusammengesetzten Zahlen (21 ...) bildet man, indem man die Einer den Zehnern und diese dann den Hundertern usw. nachstellt:

dwadtsjat* odyn	zwanzig eins	einundzwanzig
dwadtsjat* dwa	zwanzig zwei	zweiundzwanzig
sto dwadtsjat* odyn	hundert zwanzig eins	hunderteinundzwanzig

zählen

Beim Zählen ist zu beachten, daß der zu zählende Gegenstand je nach Zahlwort in einem bestimmten Fall gebeugt werden muß:

Zahlwort (Grundzahl):		verlangt Beugung im ... Fall:
1	(21, 31 ...)	1. Fall Einzahl
2, 3, 4	(22, 23, 24 ...)	1. Fall Mehrzahl
5 bis 20	(25 bis 30 ...)	2. Fall Mehrzahl

odna maschyna
ein Auto
ein Auto

dwi maschyny
zwei Autos
zwei Autos

pjat* maschyn
fünf Autos(2)
fünf Autos

Meni dwadtsjat* odyn rik.
mir(3) zwanzig eins Jahr
Ich bin 21 Jahre alt.

Meni trydtsjat* dwa roky.
mir(3) dreißig zwei Jahre
Ich bin 32 Jahre alt.

Meni trydtsjat* rokiw.
mir(3) dreißig Jahre(2)
Ich bin 30 Jahre alt.

Ordnungszahlen

Die Ordnungszahlen kennen männliche, weibliche und sächliche Formen. Da man aber vor allem die sächlichen Formen (für die Datumsangabe) braucht, stehen in der folgenden Tabelle nur diese. Bei den weiblichen Formen wird die Endung **-e** durch **-a** ersetzt.

persche	erstes	**schoste**	sechstes
druhe	zweites	**sjome**	siebentes
tretje	drittes	**wos*me**	achtes
tschetwerte	viertes	**dewjate**	neuntes
pjate	fünftes	**desjate**	zehntes
odynadtsjate	elftes	**schistnadtsjate**	sechzehntes
dwanadtsjate	zwölftes	**simnadtsjate**	siebzehntes
trynadtsjate	dreizehntes	**wisimnadtsjate**	achtzehntes
tschotyrnadtsjate	vierzehntes	**dewjatnadtsjate**	neunzehntes
pjatnadtsjate	fünfzehntes	**dwadtsjate**	zwanzigstes
dwadtsjat* persche zwanzig erstes	einundzwanzigstes		
trydtsjat* druhe dreißig zweites	zweiunddreißigstes		

Zeit und Datum

wichtige Zeitangaben

ranok	Morgen	**wrantsi**	morgens
do obidu bis Mittagessen(2)	vormittags	**pislja obidu** nach Mittagessen(2)	nachmittags
den*	Tag	**wden***	tagsüber
wetschir	Abend	**wwetschori**	abends
nitsch (w)	Nacht	**unotschi**	nachts
wtschora	gestern	**pozawtschora**	vorgestern
sjohodni	heute	**zawtra**	morgen
pisljazawtra	übermorgen	**zaraz**	sofort
teper	jetzt	**tschasto**	oft
ridko	selten	**skoro**	bald
rano	früh	**ranische**	früher
pizno	spät	**piznische**	später

tscherez den* / tyshden* / misjats*
durch Tag(4) / Woche(4) / Monat(4)
in einem Tag / einer Woche / einem Monat

dwa / try tyshni
zwei / drei Wochen
zwei / drei Wochen

Uhrzeit

Für die Zeitangaben empfehlen wir, jeweils auf volle und halbe Stunden auf- oder abzurunden, da andere Uhrzeiten sehr schwierig auszudrücken sind.

Kotra hodyna?
welche(w) Stunde
Wie spät ist es?

Zaraz odna hodyna.
jetzt eine(w) Stunde
Jetzt ist es ein Uhr.

Zaraz try hodyny.
jetzt drei Stunden
Jetzt ist es drei Uhr.

Bei der Angabe von halben Stunden benötigt man die weibliche Form der Ordnungszahl im 4. Fall. Diese leitet man von der sächlichen Ordnungszahl ab, indem man die Endung **-e** durch **-u** ersetzt.

Piw na schostu.
halb auf sechste(w,4)
Es ist halb sechs.

Piw na wos*mu.
halb auf achte(w,4)
Es ist halb acht.

Tschwert* na schostu.
viertel auf sechste(w,4)
Es ist viertel nach fünf.

Za tschwert* sjoma.
auf viertel siebente(w,2)
Es ist viertel vor sieben.

Do jakoho tschasu?
bis welche(2) Zeit(2)
Bis wieviel Uhr?

O kotrij hodyni?
um welche(3) Stunde(3)
Um wieviel Uhr?

o desjatij hodyni
um zehnte(3) Stunde(3)
um zehn Uhr

Wochentage

ponedilok	Montag	**pjatnytsja** (w)	Freitag
wiwtorok	Dienstag	**subota** (w)	Sonnabend
sereda (w)	Mittwoch	**nedilja** (w)	Sonntag
tschetwer	Donnerstag		

Schtscho sjohodni za den*?
was heute für Tag
Welcher Tag ist heute?

Sjohodni wiwtorok.
heute Dienstag
Heute ist Dienstag.

Monate

In der folgenden Tabelle sind neben den Monatsnamen in der zweiten Spalte auch die gebeugten Monatsnamen angegeben, die man bei der Frage "**w jakomu misjatsi?**" (in welchem Monat?) braucht (**w** heißt "in, im" und verlangt den 6. Fall). Die Antwort darauf z. B.: **w sitschni** (im Januar). Bei den Datumsangaben werden die Monatsnamen im 2. Fall gebeugt. Diese stehen in der dritten Spalte.

sitschen*	Januar	**w sitschni**	**sitschnja**
ljutyj	Februar	**w ljutomu**	**ljutoho**
berezen*	März	**w berezni**	**bereznja**
kwiten*	April	**w kwitni**	**kwitnja**
trawen*	Mai	**w trawni**	**trawnja**
tscherwen*	Juni	**w tscherwni**	**tscherwnja**
lypen*	Juli	**w lypni**	**lypnja**
serpen*	August	**w serpni**	**serpnja**
weresen*	September	**u weresni**	**weresnja**
showten*	Oktober	**w showtni**	**showtnja**
lystopad	November	**w lystopadi**	**lystopada**
hruden*	Dezember	**w hrudni**	**hrudnja**

Datum

Bei der Datumsangabe benötigt man die sächliche Ordnungszahl (vgl. Kap. "Ordnungszahlen") und den im 2. Fall gebeugten Monatsnamen:

Jake sjohodni tschyslo?
welcher heute Zahl
Welches Datum ist heute?

Sjohodni dewjate kwitnja.
heute neuntes(s) April(2)
Heute ist der 9. April.

Allgemeine Verhaltenshinweise

- Bei der **Begrüßung** ist es nicht üblich, sich die Hand zu reichen - deshalb nicht beleidigt sein!
- **Unpünktlichkeit:** Die Slawen nehmen es mit der Zeit nicht so genau. Es kann durchaus vorkommen, daß Behörden, Kassen, Ämter und andere Einrichtungen eine Viertelstunde oder auch mehr verspätet öffnen und Pausen auch sehr lange ausdehnen. Man sollte sich mit Geduld wappnen. Sollten Sie bemerken, daß die Mitarbeiter sich nur unterhalten und von Ihnen keine Notiz nehmen, machen Sie sich lautstark bemerkbar.
- Oft sieht man **Schlangen** vor Geschäften, Einrichtungen, auf dem Bahnhof, an den Haltestellen der Nahverkehrsmittel, auf dem Flughafen, im Restaurant, zur Toilette - für Einheimische ist das eine völlig normale Situation. Wundern Sie sich nicht, wenn in solchen Schlangen Streit und sogar Handgemenge entstehen. Die Leute sind gereizt und verunsichert. Wenn man selbst einmal in einer Schlange stehen sollte, darf man sich nicht wundern, wenn Leute herankommen und sich einfach in die Schlange einreihen, ohne etwas zu sagen. Sie haben dann vorher jemanden beauftragt, einen Platz in der Schlange freizuhalten, damit sie irgendwelche anderen Dinge erledigen können.

● **Diebstahl:** Achten Sie vor allem auf Ihre persönlichen Sachen, auf Brieftasche und Ausweispapiere. Tragen Sie Taschen nie einfach über die Schulter gehängt, sondern immer mit dem Arm geschützt am Körper. Sollte es vorkommen, daß Sie bestohlen worden sind, wenden Sie sich sofort an die Miliz.

● **Kleidung:** Gehen Sie bitte niemals in kurzen Hosen (auch nicht die Herren) oder mit T-Shirts bekleidet in eine Kirche. Sollte es sehr warm sein, sollte man entsprechende Kleidungsstücke zum Überziehen bei sich haben.

Typische **Gesten:**

● Heben der Augenbrauen: Ausdruck von Verwunderung

● Ausbreiten der Arme nach beiden Seiten: "weiß keine Antwort, kann keine Auskunft erteilen"

● Kopfnicken: Zustimmung

● Kopfschütteln: Nichteinverständnis

● rechte Hand auf die Brust: Ausdruck besonderer Dankbarkeit (gemeinsam mit wörtlichem Dank)

Anrede

Als höfliche Form der Anrede sagt man im Ukrainischen **Wy** (Ihr). Als Verbform verwendet man die 2. Person Mehrzahl (wie für "ihr", also die Anrede mehrerer Personen). Im Zweifelsfalle sollte man immer die höfliche Anrede verwenden, um nicht als unhöflich mißverstanden zu werden.

Da **Wy** gleichzeitig auch die Anrede für mehrere Personen ist, ist die Verwendung dieser Form unkompliziert. "Habt ihr ...?" bedeutet also auch immer gleichzeitig "Haben Sie ...?".

Kennt man den Familiennamen seines Gesprächspartners, wird besonders in der letzten Zeit wieder die historische und aus der Kosakenzeit stammende Anrede **pani** (Frau) und **pane** (Herr) verwendet. **Pane** stellt den 7. Fall von **pan** (Herr) da (vgl. Kap. "Fälle"):

pani Petrowa	Frau Petrowa	**pane Petrow**	Herr Petrow

Wenn man etwas näher bekannt ist, verwendet man aber auch den Vornamen, die dann auch im 7. Fall (Anredefall) gebeugt werden:

pani Halyno	Frau Galina	**pane Pawle**	Herr Pawel

Wenn man den Nachnamen überhaupt nicht kennt, sagt man nur:

pani	Frau	oder:	**schanowna pani**	Verehrte Dame
pane	Herr		**schanownyj pane**	Verehrter Herr

Namen

Die ukrainischen Personennamen bestehen aus drei Teilen: aus dem Vornamen **(imja)**, dem Namen des Vaters **(po bat*kowi)** und dem Familiennamen **(prizwyschtsche)**. An den Namen des Vaters wird bei Frauen zusätzlich die Silbe **-iwna** und bei Männern die Silbe **-owytsch** angefügt:

Iwan	**Iwaniwna** (w)	**Iwanowytsch** (m)

Auch der Familienname richtet sich nach dem Geschlecht der jeweiligen Person, bei Frauen endet der Familienname immer auf **-a**, z. B.:

Miroschnykowa	**Poljakowa**	weiblich
Miroschnykow	**Poljakow**	männlich

Typisch sind aber auch Familiennamen, die in der männlichen wie in der weiblichen Form auf **-o** enden, wie z. B. **Kowalenko, Schewtschenko, Zabihajlo, Zajtschenko** usw., und unverändert bleiben:

Tamara Petriwna Schewtschenko	(Frauenname)
Mykola Iwanowytsch Kowalenko	(Männername)

Begrüßen und Verabschieden

grüßen

Dobroho ranku!
guter(2) Morgen(2)
Guten Morgen!

Dobryj den*!
Guter Tag
Guten Tag!

Dobryj wetschir!
guter Abend
Guten Abend!

Man hört aber auch das aus dem Russischen stammende ...

Zdrastuj!
Sei gegrüßt!

Zdrastujte!
Seien Sie gegrüßt! / Seid gegrüßt!

sich vorstellen

Jak tebe / Was zwut*?
wie dich(4) / Euch(4) (sie-)nennen
Wie heißt du / heißen Sie?

Mene zwut* Katarina.
mich(4) (sie-)nennen Katharina
Ich heiße Katharina.

Dushe pryjemno!
sehr angenehm
Sehr angenehm!

Dushe radyj z Wamy poznajomytysja!
sehr froh mit Euch(5) bekanntmachen-sich
Ich freue mich, Ihre Bekanntschaft zu machen.

Ja tesh.
ich auch
Ebenfalls.

sich verabschieden

Zur Verabschiedung stehen folgende Möglichkeiten zur Auswahl. Am häufigsten kann man hören:

Do pobatschennja! Auf Wiedersehen!

Bei der Verabschiedung für längere Zeit sagt man

Proschtschawaj! Leb wohl!
Proschtschawajte! Lebt wohl! / Leben Sie wohl!

Schtschaslywoji dorohy!
glücklicher(2) Weg(2)
Glückliche Reise!

Na wse dobre!
auf alles gut(4)
Alles Gute!

Wenn man gehen möchte, umschreibt man das mit ...

Meni tschas / pora!
mir(3) Zeit / Zeit
Es wird Zeit für mich!

Do zawtra!
bis morgen(2)
Bis morgen!

Na dobranitsch!
auf gut-Nacht(4)
Gute Nacht!

Buwajte!
bleibt(!)
Bis bald!

Floskeln und Redewendungen

Zu Beginn eines Gespräches können folgende Wendungen ganz hilfreich sein, um die ersten Minuten des miteinander Bekanntwerdens zu überbrücken:

Jak sprawy?
wie Sachen
Wie geht es Ihnen?

Jak zdorowja?
wie Gesundheit(2)
Wie geht es Ihnen?

Dobre! / Djakuju, dobre!
gut / danke gut
Gut! / Danke, gut!

Schtscho nowoho?
was neu(2)
Was gibt es Neues?

Tschudowo!	Wunderbar!
Normal*no!	Normal!
Wse w porjadku! alles in Ordnung(6)	Alles in Ordnung!
Hirsche nikudy! schlechter nirgendwohin	Schlechter kann es nicht gehen!

Im weiteren Gesprächsverlauf kann man mit den folgenden Sätzen Anteilnahme und Interesse signalisieren:

Dushe pryjemno!
sehr angenehm
Sehr angenehm!

Ta schtscho Wy!
und was Ihr
Na, so was! / Was Sie nicht sagen!

Ne moshe buty!
nicht (es-)kann sein
Das kann nicht wahr sein!

Jak shal*!
wie schade
Wie schade!

Bitten, Danken, Wünschen

bitte

"Bitte" als Aufforderung heißt **bud* laska:**

Dajte, bud* laska, tsju hazetu!
gebt(!), bitte, diese(4) Zeitung(4)
Geben Sie mir bitte diese Zeitung!

Um eine Erlaubnis einzuholen, z. B. wenn man in einen Raum eintreten möchte oder sich noch etwas zu essen nehmen oder im Theater auf seinen Platz möchte, genügt oft die Frage:

Moshna ...?
(man-)darf ...
Darf man ...?

Moshna wzjaty?
(man-)darf nehmen
Darf man sich bedienen?

Moshna zajty?
(man-)darf hereinkommen
Darf man hereinkommen?

Sehr höflich ist die folgende Bitte mit **dozwol*te:**

Dozwol*te, spytaty?
gestattet(!), fragen
Gestatten Sie zu fragen?

Wy moshete meni dopomohty?
Ihr könnt mir(3) helfen
Können Sie mir helfen?

Eine Entschuldigung klingt immer höflich, kann aber auch eine Einleitung zu einer Frage oder Bitte sein:

Wybatschte, bud* laska, de znachodyt*sja wychid?
entschuldigt(!), bitte, wo (er-)befindet-sich Ausgang
Entschuldigen Sie, bitte, wo befindet sich der Ausgang?

danke

Djakuju!	(ich-)danke	Danke!
Schtschyro djakuju!	breit (ich-)danke	Herzlichen Dank!
Spasybi!	danke	Danke!
Welyke spasybi!	großen danke	Vielen Dank!

Als Antwort auf solchen Dank hört man oft:

Bud* laska!
bitte
Bitte!

Nema za schtscho!
(es-)nicht-gibt für was
Keine Ursache!

wünschen

Witaju Was / tebe z dnem narodshennja!
(ich-)gratuliere Euch(4) / dir(4) mit Tag(5) Geburt(2)
Ich gratuliere Ihnen / dir zum Geburtstag.

Bashaju Wam / tobi schtschastja, zdorowja, uspichu!
(ich-)wünsche Euch(3) / dir(3) Glück(2), Gesundheit(2), Erfolg(2)
Ich wünsche Ihnen / dir Glück, Gesundheit und Erfolg!

Gute Wünsche bekommt man oft auch bei der Verabschiedung nach einem gemütlichen Abend:

Bashaju Wam / tobi usjoho najkraschtschoho!
(ich-)wünsche Euch(3) / dir(3) alles bestes(2)
Ich wünsche Ihnen / dir alles Gute!

Bashaju schtschaslywoho Nowoho roku!
(ich-)wünsche glückliches(2) neues(2) Jahr(2)
Ich wünsche ein glückliches neues Jahr!

Djakuju za Waschi pozdorowlennja!
(ich-)danke für Eure(4) Gratulationen(4)
Vielen Dank für Ihre Gratulation!

Unterwegs ...

... in der Stadt

Jak daleko do Sofijs*koho soboru?
wie weit bis Sophien(2) Kathedrale(2)
Wie weit ist es bis zur Sophien-Kathedrale?

Jak (meni) dobratysja do awtowokzalu?
wie (mir(3)) hingelangen-sich bis Busbahnhof(2)
Wie komme ich zum Busbahnhof?

wulytsja (w)	Straße	**prospekt**	große Straße
prowulok	Gasse	**doroha** (w)	Weg
daleko	weit	**nedaleko**	nicht weit
blyz*ko	nah	**prjamo**	geradeaus
praworutsch	rechts	**naprawo**	nach rechts
liworutsch	links	**naliwo**	nach links

Schtscho tse za wulytsja?
was das für Straße
Was ist das für eine Straße?

Jak nazywajet*sja tsja wulytsja / tserkwa?
wie nennt-sich diese Straße / Kirche
Wie heißt diese Straße / Kirche?

wyznatschni pamjatky (Mz)	Sehens-würdigkeiten	**palats**	Palast
		palats kultury	Kulturpalast
plan mista	Stadtplan	Palast Kultur(2)	
Plan Stadt(2)		**tserkwa** (w)	Kirche
park	Park	**sobor**	Kathedrale
zoopark	Zoo	**ikona** (w)	Ikone
zamok	Schloß	**muzej**	Museum

... mit städtischen Verkehrsmitteln

МЕТРО	**metro** (s)	U-Bahn (Metro)
ВХІД	**wchid**	Eingang
ВИХІД	**wychid**	Ausgang
АВТОБУС	**awtobus**	Autobus
ТРОЛЕЙБУС	**trolejbus**	Trolleybus
ТРАМВАЙ	**tramwaj**	Straßenbahn
ТАКСІ	**taksi** (s)	Taxi
МАРШРУТНЕ ТАКСІ	**marschrutne taksi** (s)	Routentaxi
ЗУПИНКА	**zupynka** (w)	Haltestelle

Die Metro ist für die Stadt Kiew das Hauptverkehrsmittel, die besonders in den Hauptverkehrszeiten in kurzen Zeitabständen fährt. Die Metrostationen sind weithin durch das große "M" erkennbar; sie sind von 6 Uhr morgens bis Mitternacht geöffnet. Das Rauchen ist generell verboten.

Bevor man zu den Rolltreppen geht, muß man durch sogenante "Automaten" - eine Sperre; dort wird bezahlt (entweder mit Geld oder mit Fahrscheinen, die man vorher an der Kasse kaufen kann).

Neben der Metro gibt es aber auch ein dichtes Netz von Autobus- und Trolleybuslinien. Die Haltestellen mit einem großen "A" (für **awtobus**) und einem großen "T" (für **trolejbus**) befinden sich oft nebeneinander, was das Umsteigen erleichtert.

Ne znaju, skil*ky koschtuje zaraz projizd u tramwaji / metro?
nicht (ich-)weiß, wieviel (sie-)kostet jetzt Fahrt in Straßenbahn(6) / Metro(6)
Wieviel kostet jetzt eine Fahrt mit der Straßenbahn / Metro?

Es gibt aber auch Monatskarten, sogenannte (**projisdnyj na misjats*** = "durchfahrendes auf Monat", die man auch an den Kiosken kaufen kann. Sie sind in der Regel preisgünstiger als Einzelfahrscheine, und es entfällt das leidige Entwerten in den vollen Nahverkehrsmitteln, denn ohne Entwerten ist der Fahrschein nicht gültig.

Tschym moshna dojichaty do Chreschtschatyka?
womit(5) (man-)darf hinfahren bis Kreschtschatik(2)
Womit kann man bis zum Kreschtschatik fahren?

Im Autobus, Trolleybus und auch in der Straßenbahn sollte man sich rechtzeitig zum Ausgang begeben. Oft muß man sich den Weg dahin regelrecht bahnen. Es ist üblich, den Vordermann zu fragen, ob er auch aussteigt. Wenn nicht, wird er Ihnen bereitwillig ein wenig Platz machen:

Wy wychodyte na nastupnij?
Ihr aussteigt auf nächste(6)
Steigen Sie an der nächsten Haltestelle aus?

Dozwol*te, projty na wychid!
gestattet(!), durchgehen auf Ausgang(4)
Gestatten Sie, daß ich zum Ausgang durchgehe?

... mit dem Taxi

Wenn man mit dem Taxi fahren möchte, sollte man nur in die als Taxi gekennzeichneten Autos einsteigen. Man erkennt sie an der Aufschrift "TAKCI" oder an einem großen "T".

Es gibt Taxihaltestellen, jedoch hält man bei Bedarf ein Taxi einfach am Straßenrand an. Dabei hält man am Straßenrand stehend den Arm waagerecht ausgestreckt. Nennen Sie nur die Adresse.

Skil*ky koschtuje taksi do palatsu Ukraijiny?
wieviel kostet Taxi bis Palast(2) Ukraina(2)
Wieviel kostet das Taxi bis zum Ukraina-Palast?

Bud* laska, zupynit*sja!
bitte, anhaltet(!)-sich
Bitte, halten Sie an!

... mit der Eisenbahn

Die Eisenbahn ist das wichtigste Verkehrsmittel, um die großen Entfernungen zu überwinden. Deshalb ist man mit dem Zug meistens mehrere Stunden unterwegs, oft auch über Nacht. Entsprechend sind die Züge ausgestattet. Sie haben Schlafwagenabteile (Kupee), die vier Betten haben und geschlossen (mit Tür) oder auch offen sein können.

In jedem Waggon gibt es einen Schaffner **(prowidnyk)**, der die Fahrkarten kontrolliert, die Bettwäsche (dazu gehört immer auch ein Handtuch) ausgibt, Tee kocht und, sofern vorhanden, das "Bordradio" bedient.

Zu einer Fahrkarte für eine bestimmte Strecke muß man außerdem eine Platzkarte für einen ganz bestimmten Zug kaufen. Ohne solch eine Platzkarte wird man vom Schaffner nicht in den Waggon gelassen.

zaliznytsja (w)	Eisenbahn
pojizd / potjah	Zug
schwydkyj pojizd	Schnellzug
kwytok	Fahrkarte
platskartnyj kwytok	Fahrkarte für Platzkartenwagen (ohne Abteiltüren zum Schließen)
kupejnyj kwytok	Fahrkarte für Kupee
spal*nyj wahon	Schlafwagen

Wichtige Aufschriften:

ВОКЗАЛ	**wokzal**	Bahnhof
КАСА	**kasa**	Kasse
БАГАЖ	**bahash**	Gepäck
ВАГОН-РЕСТОРАН	**wahon-restoran**	Speisewagen
ПЛАТФОРМА	**platforma**	Bahnsteig
КАМЕРА СХОВУ	**kamera s-chowu** (w)	Gepäck-aufbewahrung
ДОВІДКОВЕ БЮРО	**dowidkowe bjuro** (s)	Auskunftsbüro
ДОВІДКА	**dowidka** (w)	
РОЗПОРЯДОК ПОЇЗДІВ	**rozporjadok pojizdiw** (Mz)	Fahrplan

Die Züge tragen jeweils als Namen ihre Strecke, z. B.:

МОСКВА - КИЇВ	**Moskwa - Kyjiw**	Moskau - Kiew

Auf dem Bahnhof und den Bahnsteigen gibt es zahlreiche Gepäckträger **(nosyl*nyky)** mit großen Gepäckkarren. Sie sind sehr hilfsbereit beim Transport des Gepäcks, verlangen aber unterschiedlich hohe Preise pro Gepäckstück.

De stojit* pojizd "Kyjiw - Moskwa"?
wo steht Zug "Kiew - Moskau"
Wo steht der Zug "Kiew - Moskau"?

Pojizd nomer desjat* zapiznjujet*sja.
Zug Nummer zehn (er-)verspätet-sich
Der Zug Nr. 10 hat Verspätung.

Tse prjamyj pojizd, tschy je peresadka?
das gerader Zug, oder ist Umstieg
Ist das der direkte Zug, oder muß man umsteigen?

Skil*ky hodyn jide pojizd do Odesy?
wieviel Stunden(2) fährt Zug bis Odessa(2)
Wie viele Stunden fährt der Zug bis nach Odessa?

Den Schaffner kann man auch um Tee bitten:

De prowidnyk?
wo Schaffner
Wo ist der Schaffner?

Moshna tschaju?
(man-)darf Tee(2)
Kann man Tee bekommen?

Tschaj bude?
Tee (es-)wird
Wird es Tee geben?

In jedem Abteil gibt es vier Liegen, zwei unten und zwei oben.

Ja chotschu pidnjaty / opustyty polku.
ich will hochheben / herunterlassen Liege(4)
Ich will die Liege hochheben / herunterlassen.

Moshna pominjatysja mistsjamy?
(man-)darf tauschen Plätze(5)
Können wir die Plätze tauschen?

Moshna widkrywaty / zakrywaty wikno / dweri?
(man-)darf öffnen / schließen Fenster(4) / Tür(4)
Könnte man das Fenster / die Tür öffnen / schließen?

Sollte es vorkommen, daß die Bettwäsche nicht in Ordnung ist, nur keine Scheu. Gehen Sie zum Schaffner und bitten Sie um neue:

Moshna pominjaty bilyznu?
(man-)darf tauschen Bettwäsche(4)
Könnte ich andere Bettwäsche bekommen?

Meni cholodno.
mir(3) kalt
Mir ist kalt.

Moshna schtsche odnu kowdru?
(man-)darf noch eine(4) Decke(4)
Kann ich noch eine Decke bekommen?

... mit dem Vorortzug

ПРИМІСЬКІ ПОЇЗДИ	**prymis*ki pojizdy**	Vorortzüge

Der Vorortzug, der die vielen um große Städte gelagerten Dörfer mit dem Zentrum verbindet, heißt umgangssprachlich **elektrytschka** (die Elektrische). Er fährt täglich Entfernungen bis zu mehreren Stunden und ist nicht mit einer S-Bahn zu vergleichen. Man muß unbedingt wissen, daß es in der **elektrytschka** keine Toiletten gibt.

Skil*ky schtsche zupynok do Fastowa / Poltawy / Kanjewa?
wieviel noch Haltestellen(2) bis Fastow(2) / Poltawa(2) / Kanjew(2)
Wie viele Haltestellen sind es noch bis Fastow / Poltawa / Kanjew?

Skashit*, bud* laska, koly meni wychodyty?
sagt(!), bitte, wann mir(3) aussteigen
Sagen Sie, bitte, wann muß ich aussteigen?

... mit dem Flugzeug

Kiew, die Hauptstadt der Ukraine, hat mehrere Flughäfen, die alle außerhalb der Stadt liegen.

БОРИСПІЛЬ	**Boryspil***	Borispol
ЖУЛЯНИ	**Shuljany**	Shyljany

"Borispol" ist der internationale Flughafen und befindet sich ca. 45 Kilometer vom Stadtzentrum entfernt. Man kann ihn mit Zubringerbussen oder mit dem Taxi erreichen. Das empfiehlt sich vor allem für Ausländer, da die Busse oft überfüllt sind. "Shyljany" ist ein Flughafen, von dem aus Flugzeuge zu Inlandflügen starten.

Jak meni dobratysja do aeroportu?
wie mir(3) hingelangen-sich bis Flugplatz(2)
Wie komme ich zum Flugplatz?

Wenn man auf den Beginn der Abfertigung wartet, kann man folgendes hören:

Potschynajet*sja posadka / rehistratsija pasashyriw ...
(es-)beginnt-sich Abfertigung / Registrierung Passagiere(2) ...
Es beginnt die Abfertigung / Registrierung der Passagiere ...

... na litak ..., rejsom ..., Kyjiw - Berlin.
... auf Flugzeug(4) ..., Flug ..., Kiew - Berlin
... für die Maschine ..., Flug ..., Kiew - Berlin.

rejs	**litak**	**stjuardesa** (w)
Fluglinie	Flugzeug	Stewardeß

Tut moshna palyty?
hier (man-)darf rauchen
Darf man hier rauchen?

Moshna skljanku wody?
(man-)darf Glas(4) Wasser(2)
Kann man ein Glas Wasser bekommen?

... mit dem Auto

In der Ukraine ist die Versorgung mit Kraftstoffen nicht so einfach. Oft sieht man lange Schlangen an den Tankstellen. Jedoch ist es mit in der Regel kein Problem, Benzin gegen deutsche Währung zu bekommen. Die "Benzinsorten" (Super, Normal) werden in der Regel durch die Oktanzahl gekennzeichnet.

БЕНЗИН	**benzyn**	Benzin
БЕНЗОКОЛОНКА	**benzokolonka** (w)	Tanksäule
ПОВІТРЯ	**powitrja** (s)	Luft
МАСЛО	**maslo** (s)	Öl

De platna stojanka?
wo bezahlter Parkplatz
Wo ist ein bewachter Parkplatz?

De zaprawka awtomobiliw?
wo Tankstelle Autos(2)
Wo ist eine Autotankstelle?

Skil*ky kilometriw do Kyjewa?
wieviel Kilometer(2) bis Kiew(2)
Wie viele Kilometer sind es bis Kiew?

zaprawka (w)	Tankstelle
dystyljowana woda (w)	destilliertes Wasser
remont	Reparatur
terminowyj remont	Schnellreparatur
awarija (w)	Unfall, Havarie
militsija (w)	Polizei
militsioner	Polizist
stojanka (w)	Parkplatz
parkuwatysja	parken
doroha (w)	Weg, Landstraße
awtostrada (w)	Autobahn
kilometr (m) / **kilometry** (Mz)	Kilometer
awtomajsternja (w)	Autowerkstatt

Moja maschyna zlamalasja.
mein Auto kaputtgegangen-sich
Das Auto hat eine Panne.

Skil*ky koschtuje remont?
wieviel (sie-)kostet Reparatur
Wieviel kostet die Reparatur?

Jak dowho bude trywaty remont?
wie lange (sie-)wird dauern Reparatur
Wie lange wird die Reparatur dauern?

Dopomoshit* zaminyty koleso / nakatschaty schynu!
helft(!) wechseln Rad(4) / aufpumpen Reifen(4)
Helfen Sie mir, ein Rad zu wechseln / den Reifen aufzupumpen!

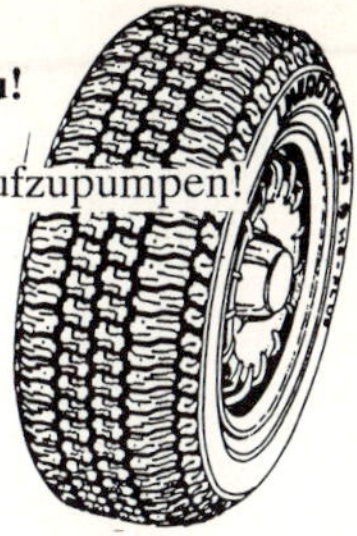

Auf den Straßen sieht man oft Autos mit folgender Aufschrift:

ДАІ	**Dershawna Awtoinspektsija**	Staatliche Autoinspektion

Es kommt aber auch noch vor, daß diese Fahrzeuge eine russisch Aufschrift haben:

ГАИ	**Gosudarstwennaja Awtoinspektsija**

Sollte man von diesen Wagen angehalten werden, empfiehlt es sich, allen Anweisungen zu folgen und alle Fragen kurz und knapp zu beantworten. Man erspart sich zusätzlichen Ärger.

Auf dem Lande

Einen ersten Eindruck vom Leben auf dem Lande kann man beim Besuch des Ethnographischen Museums, unweit von Kiew, erhalten. Das richtige Dorfmilieu lernt man jedoch nur dann kennen, wenn man von Freunden oder Bekannten in ein Dorf eingeladen wird.

selo (s)	Dorf	**sad**	Garten
chata (w)	Dorfhaus	**ohorod**	Gemüsegarten

Zachod*te do chaty!
vorbeikommt(!) bis Dorfhaus(2)
Kommen Sie ins Haus herein!

Besonders romantisch ist es in der Ukraine, zum Angeln zu fahren: Es geht ganz früh am Morgen los, wenn es noch dunkel ist. Mit genügend Proviant ausgestattet - und vor allem mit einer Flasche selbstgebrannten Schnapses (**horilka** = "der Brennende") zum Aufwärmen -, fährt man mit einem Boot auf einen der zahlreichen, traumhaften Seen zum Angeln. War der Fang erfolgreich (und das ist er meistens), wird an Ort und Stelle ein Lagerfeuer gemacht, auf dem die Fische gebraten werden, oder es wird die typische ukrainische Fischsuppe "**ucha**" gekocht. Sie besteht aus frischgefangenem Fisch, Kartoffeln, Graupen und Zwiebeln. Guten Appetit!

ity na rybalku
gehen auf Fischen(4)
zum Fischfang gehen

Zaproschuju Was na rybalku!
(ich-)einlade Euch(4) auf Fischen(4)
Ich lade Sie zum Fischfang ein!

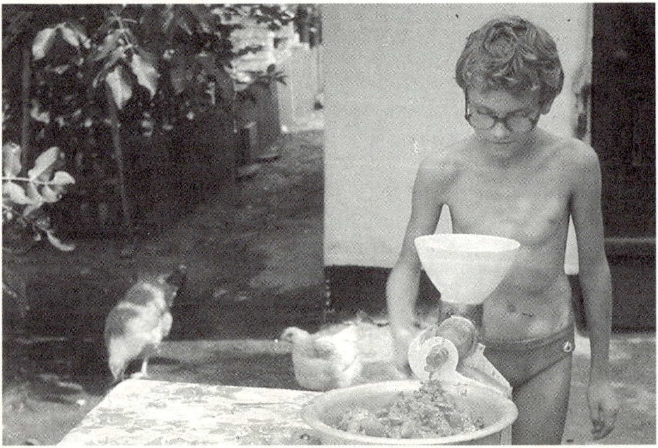

Übernachten im Hotel

Die Etagenzählung beginnt in der Ukraine mit dem Erdgeschoß, so daß das Erdgeschoß **perschyj powerch** (erste Etage), die erste Etage **druhyj powerch** (zweite Etage) heißt.

Neben der Rezeption im Erdgeschoß des Hotels gibt es auf jeder Etage eine Etagenbedienstete **(tscherhowyj)**, die für kleine Serviceleistungen zuständig ist (Schlüsselausgabe, Telefonvermittlung, Taxibestellung u. ä.)

hotel*	Hotel	**ГОТЕЛЬ**
powerch	Etage	**ПОВЕРХ**
administratsija (w)	Administration	**АДМІНІСТРАЦІЯ**
bahash	Gepäck	**БАГАЖ**
kljutsch	Schlüssel	**КЛЮЧ**
wana (w)	Badezimmer	**ВАННА**
telefon	Telefon	**ТЕЛЕФОН**
cholodyl*nyk	Kühlschrank	**ХОЛОДИЛЬНИК**
telewisor	Fernseher	**ТЕЛЕВІЗОР**
lishko (s)	Bett	**ЛІЖКО**
kowdra (w)	Decke	**КОВДРА**
switlo (s)	Licht	**СВІТЛО**

Ja zamowyw / zamowyla nomer.
ich bestellte(m/w) Zimmer(4)
Ich habe ein Zimmer bestellt.

Skil*ky koschtuje nomer?
wieviel (es-)kostet Zimmer
Wieviel kostet das Zimmer?

Ja chotschu odnomisnyj / dwomisnyj nomer.
ich möchte ein-Platz(4) / zwei-Platz(4) Zimmer(4)
Ich möchte ein Ein- / Zweibettzimmer.

W nomeri je wana / telefon?
im Zimmer(6) ist Bad / Telefon
Gibt es im Zimmer ein Bad / Telefon?

Koly oplatschuwaty?
wann bezahlen
Wann ist zu bezahlen?

Tsej nomer meni (ne) pidchodyt*.
dieses Zimmer mir(3) (nicht) zusagt
Dieses Zimmer sagt mir (nicht) zu.

Ja chotschu zupynytysja na den* / dwa dni / pjat* dniw.
ich möchte bleiben-sich für Tag(4) / zwei Tage(4) / fünf Tage(4)
Ich möchte für einen Tag / zwei / fünf Tage bleiben.

Ja potrebuju (schtsche) ruschnyk / teplu kowdru / poduschku.
ich brauche (noch) Handtuch(4) / warme(4) Decke(4) / Kissen(4)
Ich brauche (noch) ein Handtuch / eine warme Decke / Kissen.

W nomeri ne pratsjuje telefon / dusch / kran / lampa.
in Zimmer(6) nicht arbeitet Telefon / Dusche / Wasserhahn / Lampe
Das Telefon / die Dusche / das Wasser / das Licht funktioniert nicht.

Ja sjohodni / zawtra vidjishaju.
ich heute / morgen abfahre
Ich fahre heute / morgen ab.

Dajte, bud* laska, mij rachunok!
gebt(!), bitte, meine(4) Rechnung(4)
Geben Sie mir bitte meine Rechnung!

Pryschlit*, bud* laska, nosyl*nyka!
schickt(!), bitte, Gepäckträger(4)
Rufen Sie bitte einen Gepäckträger!

Wenn man sich in einer Stadt nach weiteren Übernachtungsmöglichkeiten erkundigen möchte, ist das Auskunftsbüro gern dienstbereit: **ДОВІДКОВЕ БЮРО (dowidkowe bjuro).**

motel*	Motel	МОТЕЛЬ
kemping	Camping(platz)	КЕМПІНГ
stojanka awtomobil*ja (w)	Parkplatz	СТОЯНКА
pytna woda (w)	Trinkwasser	
spal*nyj furhon	Wohnwagen	
palatka (w), **namet**	Zelt	
spal*nyj mischok	Schlafsack	
kuchnja (w)	Küche, Kochgelegenheit	

De moshna postawyty spal*nyj furhon / palatku / namet?
wo (man-)darf aufstellen Wohnwagen(4) / Zelt(4) / Zelt(4)
Wo kann man den Wohnwagen / das Zelt aufstellen?

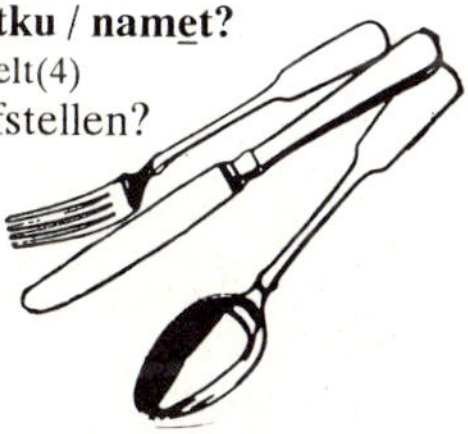

Essen und Trinken

snidanok	Frühstück	**obid**	Mittagessen
wetscherja (w)	Abendessen		
nish	Messer	**tarilka** (w)	Teller
loshka (w)	Löffel	**tschaschka** (w)	Tasse
wydelka (w)	Gabel	**skljanka** (w)	Glas

МЕНЮ	**menju** (s)	Speisekarte
ЗАКУСКИ	**zakusky**	Vorspeisen
ГАРЯЧІ СТРАВИ	**harjatschi strawy**	warme Speisen
ХОЛОДНІ СТРАВИ	**cholodni strawy**	kalte Speisen
ДЕСЕРТ	**desert**	Dessert
АЛКОГОЛЬНІ НАПОЇ	**alkohol*ni napoji**	alkohol. Getränke

Nationalgerichte

Traditionelle Speisen, die man zu Mittag, aber auch zu Abend im Restaurant bestellen kann:

БОРЩ	**borschtsch**	Gemüsesuppe mit Kohl, roten Rüben, Tomatenketchup u. a.
ВАРЕНИКИ	**warenyky** (Mz)	Teigtaschen, unterschiedlich gefüllt
	... z syrom	... mit Quark
	... z wyschnjamy	... mit Kirschen
	... z kartopleju	... mit Kartoffeln
	... z hrybamy	... mit Pilzen
ГАЛУШКИ	**haluschky** (Mz)	Suppe mit kleinen Teigwürfeln
ГОЛУБЦІ	**holubtsi** (Mz)	Gehacktes mit Reis in Krautblättern
ХОЛОДЕЦЬ	**cholodets***	Kaltspeise, ähnlich wie Sülze, aus Geflügel- oder Schweinefleisch
МЛИНЦІ / БЛИНИ / БЛИНЧИКИ	**mlyntsi** (Mz) / **blyny** (Mz) / **blyntschyky** (Mz)	Eierkuchen mit Fleisch oder Quark gefüllt
КОТЛЕТИ ПО-КИЇВСЬКИ	**kotlety** (Mz) **po-kyjiws*ky**	Bulette nach Kiewer Art, aus Geflügelfleisch zubereitet

Getränke

tschaschka kawy (w)	Tasse Kaffee(2)	Tasse Kaffee
tschaschka tschaju (w)	Tasse Tee(2)	Tasse Tee
skljanka horilky (w)	Glas Schnaps(2)	ein Glas Schnaps
pljaschka wodky	Flasche Wodka(2)	eine Flasche Wodka

ВОДА	**woda** (w)	Wasser
МІНЕРАЛЬНА ВОДА	**mineral*na woda** (w)	Mineralwasser
СИРОП	**syrop**	Fruchtsirup
КОФЕ	**kofe** (s)	Kaffee (als Prod.)
КАВА	**kawa** (w)	Kaffee (als Getr.)
ЧАЙ	**tschaj**	Tee
СОКИ - ВОДИ	**soky - wody** (Mz)	Säfte - Wässer (Kiosk-Hinweis)
ПИВО	**pywo** (s)	Bier
ВИНО	**wyno** (s)	Wein
БІЛЕ ВИНО	**bile wyno** (s)	Weißwein
ЧЕРВОНЕ ВИНО	**tscherwone wyno** (s)	Rotwein
ШАМПАНСЬКЕ	**schampans*ke** (s)	Sekt
ГОРІЛКА	**horilka** (w)	Schnaps
ВОДКА	**wodka** (w)	Wodka

im Restaurant

РЕСТОРАН	**restoran**	Restaurant

Am Eingang von Restaurants befindet sich ein Einlaßdienst, der die Plätze zuweist. Geht man abends zum Essen, spielt meistens eine Kapelle. Das bedeutet allerdings auch, daß die einzelnen Gänge sehr lange dauern.

Hat man nicht so viel Zeit, kann man in Restaurants gehen, wo es ein fertiges Menü (**КОМПЛЕКСНИЙ ОБІД - kompleksnyj obid**) gibt. Man kann zwar selber nicht mehr auswählen, aber der Vorteil ist, daß es wesentlich schneller geht, billiger ist und trotzdem schmeckt.

Tut wil*no?
hier frei
Ist hier frei?

Tak, bud* laska!
ja, bitte
Ja, bitte!

My chotschemo po-obidaty / powetscherjaty.
wir wollen mittagessen / abendessen
Wir wollen zu Mittag essen / Abend essen.

Prynesit*, bud* laska, menju.
bringt(!), bitte, Speisekarte(4)
Bringen Sie bitte die Speisekarte.

Schtscho Wy moshete nam (za)proponuwaty?
was Ihr könnt uns(3) vorschlagen
Was können Sie uns empfehlen?

Dobre, wiz*memo!
gut, (wir-)nehmen
Gut, das nehmen wir!

Smatschnoho Wam!
schmackhaftes Euch(3)
Guten Appetit!

Prynesit*, bud* laska, dwi tschaschky kawy, dwa tistetschka.
bringt(!), bitte, zwei Tassen(4) Kaffee(2), zwei Kleingebäcke(4)
Bringen Sie bitte zwei Tassen Kaffee, zwei Stück Kleingebäck.

Bulo dushe smatschno.
war(m) sehr schmackhaft
Es war sehr schmackhaft!

Skil*ky z mene?
wieviel von mich(2)
Wieviel muß ich bezahlen?

Trinkgeld (**tschajowi**) gibt es in der Ukraine offiziell nicht. Jedoch in der gegenwärtigen schwierigen Situation nehmen Taxifahrer, Kellner etc. gern etwas mehr als den "normalen" Preis. Aber es sollte nicht so offensichtlich und auffällig sein!

Einkaufen

Die "Zeremonie" des Einkaufens in Geschäften wirkt auf uns etwas fremd: Man informiert sich als erstes über das Angebot, merkt sich die entsprechenden Preise, rechnet aus, was beispielsweise 200 Gramm Käse kosten, geht zur Kasse, fragt, womit bezahlt wird (mit Kupons, Rubeln oder Lebensmittelkarten), nennt die Nummer oder den Namen der Abteilung und den ausgerechneten Preis. Man erhält einen Kassenbon, reiht sich in die Schlange der Abteilung ein und läßt sich auf den Bon die Ware geben. Sollte die Verkäuferin mehr abgewogen haben, kann es passieren, daß man an der Kasse nachzahlen muß, und einen weiteren Bon in die Abteilung trägt.

Es gibt schon einige Selbstbedienungsläden, wo man mit einem Einkaufskorb herumgeht und die Waren dann an der Kasse zum Schluß bezahlt. Aber diese Geschäfte sind noch sehr selten.

МАГАЗИН	**mahazyn**	Geschäft
ПРОДОВОЛЬЧИЙ МАГАЗИН	**prodowol*tschyj mahazyn**	Lebensmittelladen
ГАСТРОНОМ	**hastronom**	Lebensmittelladen
БУЛОЧНА	**bulotschna** (w)	Bäckerei (Schild)
ХЛІБ	**chlib**	
КОНДИТЕРСЬКА	**kondyters*ka** (w)	Konditorei
УНІВЕРМАГ	**uniwermah**	Kaufhaus
ТЮТЮН	**tjutjun**	Tabakwaren
ГАЗЕТИ / ЖУРНАЛИ	**hazety** (Mz) / **shurnaly** (Mz)	Zeitungen

In großen Hotels und auch im Stadtzentrum gibt es sogenannte Valuta-Läden **(waljutnyj mahazyn)**, wo man für konvertierbare Währung einkaufen kann. Diese Geschäfte tragen in verschiedenen Städten der Ukraine unterschiedliche Aufschriften.

Immer zahlreicher werden vor allem Geschäfte, die westliche Waren, vor allem Textilien, anbieten. Dort kann nur mit frei konvertierbarer Währung bezahlt werden. An der Eingangstür oder auch im Schaufenster sieht man solche Schilder:

ВІЛЬНО КОНВЕРТОВАНА ВАЛЮТА (Abkürzung: **ВКВ**)
wil*no konwertowana waljuta
frei konvertierbare Währung

Einkaufsliste

Der Gegenstand, den man kaufen möchte, steht im 4. Fall, deshalb wird bei den weiblichen Hauptwörtern ein **-u** angehängt (in der Tabelle in Klammern angegeben). Bei allen anderen Hauptwörtern aus der Liste sind der 4. und 1. Fall identisch.

Ja chotschu kupyty ... ich will kaufen ...		Ich möchte kaufen ...	
chlib	Brot	**kefir**	Kefir
bulotschky (Mz)	Brötchen	**moloko** (s)	Milch
maslo (s)	Butter	**frukty** (Mz)	Obst
jajtsja (Mz)	Eier	**perets***	Pfeffer
morozywo (s)	Eis	**rys**	Reis
ryba (-u) (w)	Fisch	**smetana (-u)** (w)	Sahne
mjaso (s)	Fleisch	**hortschytsja (-u)** (w)	Senf
petschywo (s)	Gebäck	**tort**	Torte
owotschi (Mz)	Gemüse	**kowbasa (-u)** (w)	Wurst
kurytsja (-u) (w)	Hähnchen	**tsukor**	Zucker
syr	Käse, Quark		

Will man eine bestimmte Menge kaufen, steht das Hauptwort nach der Mengenangabe im 2. Fall:

Ja chotschu kupyty ...	Ich will ... kaufen.
... sto hram syru.	100 Gramm Käse/Quark
... dwisti hram kowbasy.	200 Gramm Wurst
... kilohram mjasa.	1 Kilogramm Fleisch
... piwkilo ryby.	ein halbes Kilo Fisch

Zu Gast sein

Die slawische Gastfreundschaft ist sprichwörtlich, so ist es auch in der Ukraine. Trotz schwieriger äußerer Bedingungen sind Gäste immer gern gesehen. Man wird oft nach einer kurzen Bekanntschaft oder einem ersten interessanten Gespräch eingeladen. Dabei wird oft kein bestimmter Tag und auch keine bestimmte Uhrzeit für den Besuch genannt. Die Ukrainer sagen einfach:

Zachod*te do nas!
kommt(!) zu uns(2)
Kommen Sie doch einmal bei uns vorbei!

Zachod*te!
kommt(!)
Kommen Sie vorbei!

Nascha adresa ...
unsere Adresse ...
Unsere Adresse ist ...

Djakuju, obowjazkowo pryjdu!
danke, unbedingt (ich-)komme
Danke, ich komme bestimmt!

Offizieller sind folgende Einladungen:

Zaproschuju Was w hosti!
(ich-)bitte Euch(4) zu Gast(6)
Ich lade Sie ein!

Prychod*te do nas w hosti!
kommt(!) zu uns(2) zu Gast(6)
Kommen Sie zu mir als Gast!

Sollten Sie wirklich keine Zeit haben, die Einladung anzunehmen, muß man mit der Ablehnung sehr behutsam sein; denn die Ukrainer sind stolz darauf, Gäste zu empfangen. Eine Ablehnung könnte als Beleidigung aufgefaßt werden.

Na shal*, ja ne zmoshu.
leider, ich nicht kann
Leider, ich kann nicht.

Na sjohodni / zawtra / tsej den* ja wshe domowywsja / domowylasja.
für heute / morgen / diesen(4) Tag(4) ich schon verabredete-sich(m/w)
Für heute / morgen / diesen Tag bin ich schon verabredet.

Als Gastgeschenk kann man einen Blumenstrauß, eine Flasche Wein oder auch eine Torte mitbringen. Besonders beliebt sind außerdem Kaffee, Tee, Kakao, Kosmetikartikel, Süßigkeiten, Zigaretten, aber auch Strumpfhosen oder Erzeugnisse aus Baumwolle und anderen Naturfasern. Westgeld sollte man nur in Ausnahmefällen schenken, da man die Höhe schlecht einschätzen kann. Da gutes Obst auf dem Markt für viele Ukrainer oft nur selten bezahlbar ist, freuen sich Familien mit Kindern sehr, wenn man statt Blumen einfach verschiedene Früchte mitbringt.

Der Gastgeber fordert zum Eintreten auf:

Prochod*te, sidajte!
durchgeht(!), hinsetzt(!)
Gehen Sie weiter, nehmen Sie Platz!

Bud*te jak wdoma!
fühlt(!) wie zu-Hause
Fühlen Sie sich wie zu Hause.

U Was harna kwartyra!
bei Euch(2) schöne Wohnung
Sie haben eine schöne Wohnung!

Die Hausfrau fordert bei Tisch auf, sich zu bedienen:

Pryhoschtschajtesja!
bedient(!)-sich
Bedienen Sie sich!

Pokuschtujte!
kostet(!)
Probieren Sie!

Oft werden Fotoalben angeschaut. Vielleicht hat man selbst einige persönliche Fotos und will seine Familie vorstellen:

Tse moja simja ... das meine Familie ...	Das ist meine Familie ...
moja drushyna meine Frau **moja dotschka** meine Tochter	**mij tscholowik** mein Mann **mij syn** mein Sohn

Ja odrushenyj / odrushena.
ich verheiratet(m/w)
Ich bin verheiratet.

Ja cholostyj.
ich Junggeselle
Ich bin Junggeselle (nur Männer).

Chto Wy / ty za fachom?
wer Ihr / du hinter Fach(5)
Was sind Sie / bist du von Beruf?

Ja inshener.
ich Ingenieur
Ich bin Ingenieur.

slushbowets*	Angestellter (m+w)
robitnyk / robitnytsja (w)	Arbeiter / Arbeiterin
bezrobitnij / bezrobitnja (w)	arbeitslos
likar / likarka (w)	Arzt / Ärztin
pekar	Bäcker
perukar / perukarka (w)	Friseur / Friseurin
medytschna sestra (medsestra) (w)	Krankenschwester
wtschytel* / wtschytel*ka (w)	Lehrer / Lehrerin
menedsher (m + w)	Manager
mechanik	Mechaniker
pensioner / pensionerka (w)	Rentner / Rentnerin
sekretarka (w)	Sekretärin
student / studentka (w)	Student / Studentin
stoljar	Tischler
pidpryjemets* (m + w)	Unternehmer / -in

Zwidkilja Wy pryjichaly?
woher Ihr gefahren-kamt
Woher kommen Sie?

Zwidkilja ty pryjichaw / pryjichala?
woher du gefahren-kamst(m/w)
Woher kommst du?

Ja pryjichaw / pryjichala z Nimetschyny / Awstriji / Schwejtsariji.
ich gefahren-kam(m/w) aus Deutschland(2) / Österreich(2) / Schweiz(2)
Ich bin aus Deutschland / Österreich / der Schweiz.

Ja nimka / schwejstarka / awstrijka.
ich Deutsche / Schweizerin / Österreicherin
Ich bin Deutsche / Schweizerin / Österreicherin.

Ja nimets* / schwejtsarets* / awstrijets*.
ich Deutscher / Schweizer / Österreicher
Ich bin Deutscher / Schweizer / Österreicher.

Zu einer Feier oder Einladung gehört immer eine Flasche Wodka oder Selbstgebrannter. Ein Glas Wodka wird in Verbindung mit einem Trinkspruch noch vor dem Essen, sozusagen als Aperitif, getrunken. Dieses Glas muß auf einen Zug ausgetrunken werden. Das verlangt die Tischsitte. Mit weiteren Gläsern dieses Getränks sollte man vorsichtig sein. Man sollte auf jeden Fall immer sofort Mineralwasser nachtrinken und Schwarzbrot essen. Das mildert die Wirkung. Scheuen Sie sich nicht, ein weiteres Glas abzulehnen. Die folgende Entschuldigung wird akzeptiert:

Wybatschajte, bil*sch ne moshu!
entschuldigt(!), mehr nicht (ich-)kann
Entschuldigen Sie, bitte, ich kann nicht mehr.

U mene sertse / petschinka!
bei mich(2) Herz / Leber
Ich bin herz- / leberkrank.

Fotografieren

Nicht überall darf man fotografieren. Das betrifft besonders das Innere von Kirchen, Kathedralen und verschiedenen Museen. Im Zweifelsfalle sollte man immer vorher fragen, um nicht Unannehmlichkeiten zu bekommen.

Sollte man mit dem mitgebrachten Filmmaterial nicht auskommen und einen neuen Film kaufen müssen, empfiehlt es sich, die Verpackung des alten Films im Geschäft zu zeigen, um auch den richtigen Film zu kaufen.

Tut moshna fotografuwaty?
hier (man-)darf fotografieren
Darf man hier fotografieren?

U Was je taka fotopliwka?
bei Euch(2) ist so-ein Film
Haben Sie so einen Film?

Behörden

Die Begegnung mit Behörden gehört nicht zu den angenehmsten Dingen auf einer Reise. Trotzdem sollte man sich bereits an der Grenze (entweder auf dem Flughafen oder auf dem Grenzbahnhof z. B. in Brest oder in Tschop) auf eine entsprechende Kontrolle einstellen. Die ukrainischen Behörden nehmen ihre Aufgabe besonders ernst und dokumentieren damit auch nach außen ihre staatliche Unabhängigkeit.

Grenz- und Zollkontrolle

Reagieren Sie möglichst kurz auf die Anweisungen und Fragen der Zöllner, und zeigen Sie bei Aufforderung auch Ihr Gepäck. Sie ersparen sich so eine Menge Ärger und Mißverständnisse.

ПАСПОРТНИЙ КОНТРОЛЬ	**pasportnyj kontrol***	Paßkontrolle
МИТНИЦЯ (ukr.)	**mytnytsja** (w)	Zollkontrolle
ТАМОЖНЯ (russ.)	**tamoshnja** (w)	Zollkontrolle
ДЕКЛАРАЦІЯ	**deklaratsija** (w)	Zollerklärung

Ja hromadjanyn / hromadjanka FRN .
ich Bürger / Bürgerin BRD (gesprochen: "ef-er-en")
Ich bin Bürger / Bürgerin der BRD.

Ja jidu do Kyjewa / Dnipropetrows*ka.
ich fahre bis Kiew(2) / Dnepropetrowsk(2)
Ich fahre nach Kiew / Dnepropetrowsk.

Ja turyst / turystka.
ich Tourist(m/w)
Ich bin Tourist / Touristin.

U mene dilowa pojizdka.
bei mir(2) sachliche Reise
Ich mache eine Dienstreise.

Ja jidu na zaproschennja.
ich fahre auf Einladung(4)
Ich fahre auf Einladung.

Dopomoshit* zapownyty deklaratsiju!
helft(!) ausfüllen Zollerklärung(4)
Helfen Sie mir, die Zollerklärung auszufüllen!

In der Zollerklärung ist neben den Spalten für Name, Vorname, Herkunftsland und Zielland auch eine Spalte für Dinge, die man einführt, auszufüllen. Unproblematisch sind folgende Angaben:

ПОДАРУНКИ	**podarunky** (Mz)	Geschenke
ОСОБИСТІ РЕЧІ	**osobysti retschi** (Mz)	persönl. Dinge
СИГАРЕТИ	**sygarety** (Mz)	Zigaretten

Widkryjte tschemodan / sumku!
aufmacht(!) Koffer(4) / Tasche(4)
Machen Sie den Koffer/die Tasche auf!

Schtscho Wy wezete?
was Ihr mitführt
Was führen Sie mit sich?

Sollten Probleme komplizierterer Art auftreten, die man nicht allein klären kann, ist immer die jeweilige Botschaft (**ПОСОЛЬСТВО - posol*stwo**) zuständig.

Ja protestuju!
ich protestiere
Ich protestiere!

Ja chotschu zwjazatysja z posol*stwom FRN.
ich will verbinden-sich mit Botschaft(5) BRD
Ich will mich mit der deutschen Botschaft in Verbindung setzen.

Polizei

Auf sein Bargeld, insbesondere auf Valuta, sollte man sehr genau achten. Anzeige erstattet man bei der Miliz, auch wenn die Chance, die verlorenen Sachen wiederzubekommen, gering ist.

De tut militsija?
wo hier Miliz
Wo ist hier die Miliz?

Ja zahubyw / zahubyla pasport.
ich verlor(m/w) Paß(4)
Ich habe meinen Paß verloren.

U mene ukraly pasport / waljutu / maschynu.
bei mich(2) stahlen Paß(4) / Valuta(4) / Auto(4)
Mir wurde der Paß / Valuta / das Auto gestohlen.

Na mene napaly.
auf mich(4) gefallen
Ich wurde überfallen.

Sollten sich irgendwelche Probleme mit dem Visum einstellen, muß man sich an die Visaabteilung (**ВІДДІЛ ВІЗ І РЕГІСТРАЦІЇ**, Abk.: **ВВІР - widdil wiz i rehistratsiji**) wenden. Die russische Bezeichnung: **ОВИР - ОТДЕЛ ВИЗ И РЕГИСТРАЦИИ (otdel wiz i registratsii).**

Meni treba wizu w Moskwu / Sankt-Peterburg.
mir(3) (man-)muß Visum(4) nach Moskau(4) / St. Petersburg(4)
Ich brauche ein Visum nach Moskau / St. Petersburg.

Ja chotschu zalyschytysja u Kyjewi schtsche na odyn misjats*.
ich will bleiben-sich in Kiew(6) noch auf einen(4) Monat(4)
Ich möchte noch einen Monat in Kiew bleiben.

Tse moshlywo?
das möglich
Ist das möglich?

Ja chotschu pojichaty do Wil*njusa.
ich will fahren bis Vilnius(2)
Ich möchte nach Vilnius fahren.

Bank, Geld

Der Zahlungsverkehr ist im Moment etwas kompliziert. Das hängt mit dem Bestreben zusammen, die erklärte staatliche Unabhängigkeit auch in die Praxis umzusetzen. Deshalb kursieren mehrere Währungen parallel: der Rubel (als Währung der ehemaligen Sowjetunion), im Ukrainischen heißt er **karbowanets*,** der Kupon - der erste Versuch einer eigenen Währung in der Ukraine (die Scheine sehen aus wie Spielgeld) -, Lebensmittelkarten, der Dollar sowie die Deutsche Mark **(nimets*ki marky).** Die Ukraine ist bestrebt, eine eigene konvertierbare Währung herauszugeben, die **hrywna.** Wann das sein wird, kann jedoch noch niemand zu sagen.

Geld sollte man ausschließlich auf der Bank oder in Wechselstuben der großen Hotels tauschen. Vermeiden Sie, auf der Straße Geld zu tauschen, um nicht Betrügern in die Hände zu fallen!

БАНК	**bank**	Bank
ДЕРЖБАНК	**dershbank**	Staatsbank

De moshna obminjaty waljutu?
wo (man-)darf wechseln Valuta(4)
Wo kann man Valuta tauschen?

Jakyj kurs nimets*koji marky?
welcher Kurs Deutsche(2) Mark(2)
Welchen Kurs hat die D-Mark?

Ja chotschu obminjaty nimets*ki marky na ukrajins*ki karbowantsi
Ich will wechseln deutsche(4) Mark(4) in ukrainische(4) Rubel(4)
Ich möchte Deutsche Mark in ukrainische Rubel wechseln.

Dajte krupnymy kupjuramy!
gebt(!) große(5) Scheine(5)
Geben Sie große Scheine!

Post, Telefon

Post (poschta)

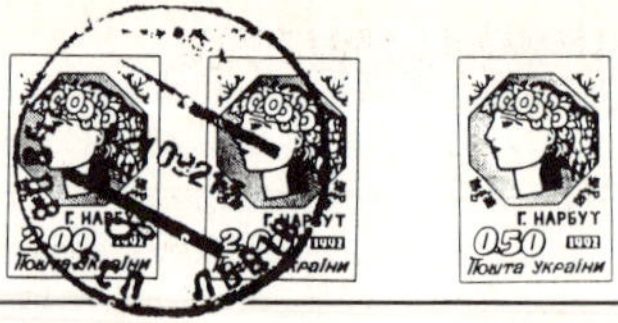

ПОШТА	**poschta** (w)	Post
ПОШТАМТ	**poschtamt**	Postamt
ГЛАВПОШТАМТ	**glawposchtamt**	Hauptpostamt
ПРИЙОМ ТЕЛЕГРАМ	**pryjom telehram**	Telegrammannahme
ПРИЙОМ ЛИСТІВ	**pryjom lystiw**	Briefannahme
МІЖНАРОДНА ТЕЛЕГРАМА	**mishnarodna telehrama** (w)	internat. Telegramm

banderol* (w)	Drucksache	**posylka** (w)	Paket
konwert	Briefumschlag	**telehrama** (w)	Telegramm
lyst	Brief	**blank**	Formular
poschtowa marka (w)	Briefmarke		

Die Briefumschläge sind bereits mit Briefmarken bedruckt. So kann man sie auf der Post oder auch an Zeitungskiosken kaufen. Da sich auch dieser Preis ständig ändert, empfiehlt es sich, einfach zu fragen, wieviel ein Briefumschlag kostet. Man unterscheidet Briefumschläge für Briefe innerhalb des Landes und ins Ausland.

Dajte, bud* laska, mishnarodnyj konwert!
gebt(!), bitte, internationalen(4) Briefumschlag(4)
Einen internationalen Briefumschlag, bitte.

Dajte blank mishnarodnoji telehramy!
gebt(!) Formular(4) internationales(2) Telegramm(2)
Geben Sie mir ein Formular für ein internationales Telegramm!

Telegramm-Formulare sind kostenlos am Schalter **ТЕЛЕГРАФ (telehraf)** erhältlich.

telefonieren (dzwonyty)

ТЕЛЕФОН	**telefon**	Telefon
	telefonni butky (Mz)	Telefonzellen

Ja chotschu zamowyty rozmowu z Berlinom.
ich will bestellen Gespräch(4) mit Berlin(5)
Ich möchte ein Gespräch mit Berlin bestellen.

Na pjat* chwylyn.
auf fünf Minuten(2)
Für fünf Minuten.

Nach der Bestellung muß man warten, bis die Leitung geschaltet ist. Dann wird man aufgerufen:

Berlin - kabina druha / tretja.
Berlin - Kabine zweite / dritte
Berlin - zweite / dritte Kabine.

Beim Anrufen innerhalb der Ukraine sollte man sofort nach dem gewünschten Gesprächspartner fragen, ansonsten wird am anderen Ende wieder aufgelegt.

Allo! Tse kwartyra Iwanowa?
hallo! das Wohnung Iwanows(2)
Hallo! Ist dort die Wohnung der Iwanows?

Z Wamy howoryt* ...
mit Euch(5) spricht ...
Mit Ihnen spricht ...

Krank sein

ШВИДКА ДОПОМОГА	**schwydka dopomoha** (w)	Erste Hilfe
ПОЛІКЛІНИКА	**poliklinika** (w)	Poliklinik
ЛІКАРНЯ	**likarnja** (w)	Krankenhaus
РЕГІСТРАТУРА	**rehistratura** (w)	Aufnahme
ЛІКАР	**likar**	Arzt
ЗУБНИЙ ЛІКАР	**zubnyj likar**	Zahnarzt

Wyzwit*, bud* laska, likarja / schwydku dopomohu!
ruft(!), bitte, Arzt(4) / schnelle(4) Hilfe(4)
Rufen Sie bitte den Arzt / die schnelle medizinische Hilfe!

De najblyschtscha poliklinika?
wo nächste Poliklinik
Wo ist die nächste Poliklinik?

beim Arzt

Ja zachworiw / zachworila.
ich krank-war(m/w)
Ich bin krank geworden.

Schtscho u Was?
was bei Euch(2)
Was fehlt Ihnen?

Meni bolyt* schlunok / sertse.
mir(3) (es-)wehtut Magen / Herz
Ich habe Magen-/Herzschmerzen.

Ja prostudywsja / prostudylasja.
ich erkältete-sich(m/w)
Ich habe mich erkältet.

Mene toschnyt* / znobyt*.
mich(4) übel / schüttelt
Mir ist übel. / Ich habe Schüttelfrost.

U mene ... **U Was ...**	bei mich(2) ... bei Euch(2) ...	Sie haben ... Ich habe ...
ponos		Durchfall
temperatura (w)	Temperatur	Fieber
kaschel*		Husten
nasmork		Schnupfen
hryp		Grippe
serdetschnyj prystup	herz... Anfall	Herzanfall
apendytsyt		Blinddarmreizung
wysokyj krowjanyj tysk	hoher Blut Druck	hoher Blutdruck
nyz*kyj krowjanyj tysk	niedriger Blut Druck	niedriger Blutdruck

beim Zahnarzt

Meni bolyt* zub.
mir(3) wehtut Zahn
Mir tut der Zahn weh.

U mene wypala plomba.
bei mir(2) herausfiel(w) Plombe
Mir ist eine Füllung herausgefallen.

Bud* laska, postawte plombu, ne wyrywajte!
bitte, setzt(!) Plombe(4), nicht herauszieht(!)
Machen Sie bitte eine Füllung, nicht ziehen!

Apotheke

Verschriebene Medikamente muß jeder selbst bezahlen. Es gibt große Schwierigkeiten in der Versorgung, so daß man zuerst einmal fragen sollte, ob die benötigten Medikamente vorrätig sind.

U Was je liky wid holownoho bolju / wid ponosu?
bei Euch(2) ist Medikament von Kopf... Schmerzen(2) / von Durchfall(2)
Haben Sie ein Medikament gegen Kopfschmerzen / gegen Durchfall?

U Was je bynt / wata / plastyr*?
bei Euch(2) Binde / Watte / Pflaster
Haben Sie Binden / Watte / Pflaster?

Moshna bez retseptu?
(man-)darf ohne Rezept(2)
Kann man dieses Medikament ohne Rezept bekommen?

Jak pryjmaty tsi liky?
wie einnehmen diese(4) Medikamente(4)
Wie muß man diese Medikamente einnehmen?

Desjat* kapel* / dwi tabletky odyn raz u den*.
zehn Tropfen(4) / zwei Tabletten ein Mal in Tag(4)
Zehn Tropfen / zwei Tabletten ein Mal täglich.

Toilette

Am besten sucht man die Toiletten in den großen Hotels auf. Es gibt jedoch auch immer mehr privat betriebene Pachttoiletten, die man ohne Bedenken benutzen kann. Es empfiehlt sich, etwas Toilettenpapier bei sich zu haben. An den Toilettentüren befinden sich entweder kleine Figuren oder folgende Schriftzeichen:

ТУАЛЕТ	**tualet**	Toilette
ПЛАТНИЙ ТУАЛЕТ	**platnyj tualet**	Toilette zum Bezahlen (ist sauber!)
Ч: ЧОЛОВІЧИЙ	**tscholowitschyj**	Männer
Ж: ЖІНОЧИЙ	**shinotschyj**	Frauen

Es kann aber sein, daß man die russischen Buchstaben findet:

М: МУЖСКОЙ	**mushskoj**	Männer
Ж: ЖЕНСКИЙ	**shenskij**	Frauen

ЖІНОЧИЙ

ЧОЛОВІЧИЙ

De tut tualet?
wo hier Toilette
Wo ist hier eine Toilette?

Tualetnyj papir je?
Toiletten Papier ist
Haben Sie Toilettenpapier?

Schimpfen und Fluchen

Wie in jeder Sprache gibt es auch im Ukrainischen ziemlich derbe Ausdrücke. Die Ukrainer sind bei der Verwendung solcher Wörter sehr unangenehm berührt, noch dazu, wenn sie ein Ausländer ausspricht. Hier jedoch einige harmlosere Flüche:

Tschort pobery!
Teufel hole
Der Teufel soll dich holen! / Zum Teufel!

Tschy win / wona zhluzdu zjichaw / zjichala?
ob er / sie Dummheit(2) herunterfuhr(m/w)
Hat er / sie nicht alle Tassen im Schrank?

Die folgenden Ausdrücke sind sehr beleidigend, haben aber durch den häufigen Gebrauch an Schärfe verloren. Trotzdem bitte nicht verwenden!

Bljad*!	**Shopa!**	**Hiwno!**
Hure!	Arsch!	Scheiße

Nichts verstanden? - Weiterlernen!

Schon ein kleiner Versuch, einige Worte Ukrainisch zu sprechen, kann viel Sympathie einbringen:

Ja schtsche pohano rozmowljaju po-ukrajins*ky.
ich noch schlecht (ich-)spreche auf-ukrainisch
Ich spreche noch schlecht Ukrainisch.

Ja zowsim ne rozmowljaju po-ukrajins*ky.
ich vollkommen nicht (ich-)spreche auf-ukrainisch
Ich spreche überhaupt nicht Ukrainisch.

Wy mene rozumijete?
Ihr mich(4) versteht
Verstehen Sie mich?

Schtscho znatschyt* tse slowo po-ukrajins*ky / po-nimets*ky?
was heißt dieses Wort auf-ukrainisch / auf-deutsch
Was heißt dieses Wort auf Ukrainisch / auf Deutsch?

Oft kann das Englische oder gar das Deutsche weiterhelfen:

Chto-nebud* howoryt* po-nimets*ky / po-anhlijs*ky?
wer-jemand spricht auf-deutsch / auf-englisch
Spricht jemand Deutsch / Englisch?

Wy howoryte po-nimets*ky / po-anhlijs*ky?
Ihr sprecht auf-deutsch / auf-englisch
Sprechen Sie Deutsch / Englisch?

Hat man etwas nicht verstanden, kann man ruhig nachfragen!

Ja ne zrozumiw / zrozumila!
ich nicht verstand(m/w)
Ich habe nicht verstanden.

Jak?
wie
Wie bitte?

Literaturhinweise

Ein modernes Lehrbuch der ukrainischen Sprache für Deutsche gibt es noch nicht. Es gibt aber ein Lehrwerk der ukrainischen Sprache aus den 40er Jahren, welches neu aufgelegt wurde und zur weiteren Beschäftigung mit dieser Sprache durchaus verwendet werden kann:

- J. W. Rudnytskyj: **Lehrbuch der ukrainischen Sprache.** 4. verb. Auflage. Otto Harrassowitz. Wiesbaden 1964. 204 Seiten.
- E. I. Lyssenko (Hrsg.): **Deutsch-Ukrainisches Wörterbuch.** Kiew 1978. Radjanska Schkola. 20.000 Stichw., 527 Seiten.
- **Deutsch-Ukrainisches Phraseologisches Wörterbuch in zwei Bänden.** Kyjiw 1981. Radjanska Schkola.
- Wer mit der englischen Sprache vertraut ist, dem sei ein englisches Lehrbuch der ukrainischen Sprache empfohlen: J. O. Shluktenko, N. I. Totska, T. K. Molodid: **Ukrainian. A Text-Book for Beginners.** Kiev 1987. Wyschtscha Schkola.

Wörterlisten

● Bei **Hauptwörtern** sind die Ein- und Mehrzahl sowie das grammatische Geschlecht immer angegeben. Steht kein grammat. Geschlecht, ist das betreffende Hauptwort männlich.

adres/a (-y) (w)	lies:	Ez: **adresa,** Mz: **adresy,** weiblich
kupe (=) (s)	lies:	Ez: **kupe,** Mz: **kupe,** sächlich
robitnyk (-y)	lies:	Ez: **robitnyk,** Mz: **robitnyky,** männlich
alkogol (Ez)	lies:	nur Ez: **alkogol,** männlich

● **Eigenschaftswörter** sind nur in der männlichen Form angegeben.

● Die **Tätigkeitswörter** (Verben) enthalten folgende Informationen:

widjidshaty	lies:	regelmäßiges Verb, 1. Beugungstyp, unvollendeter Aspekt
widji/chaty (-du) (v)	lies:	Grundform: **widjichaty,** 1. Pers. Ez ("ich"): **widjidu,** ... usw. 1. Beugungstyp, vollendeter Aspekt
za/platyty (-platschu, -platysch) (II., v)	lies:	Grundform: **zaplatyty,** 1. Pers. Ez: **zaplatschu,** 2. Pers. Ez: **zaplatysch,** ... usw. 2. Beugungstyp, vollendetes Verb

● Welche **Fälle** Verhältniswörter und einige Tätigkeitswörter verlangen, kann man an der "Nummer" des betreffenden Falls ablesen:

zamist* (+ 2.)	lies:	**zamist*** steht mit dem 2. Fall (Genitiv)

● Verwendete **Abkürzungen:**

m	männlich	**Verg.**	Vergangenheit
w	weiblich	**Zuk.**	Zukunft
s	sächlich	**3.**	3. Person ("er, sie")
Ez, Mz	Einzahl, Mehrzahl	**II.**	2. Beugungstyp
Adj, Adv	Adjektiv, Adverb	**v**	vollendeter Aspekt

Deutsch - Ukrainisch

A

Abend	wetschir
Abendessen	wetscherja (-i) (w)
aber	ale, a
abfahren	widjidshaty; widji/chaty (-du) (v)
abfliegen	widlitaty
abgeben	widda/waty (-ju)
abholen	zustritschaty
abreisen	wyjishaty
abschleppen	widbuksyr/uwaty (-uju)
Abteil (Zug)	kupe (=) (s)
Adresse	adres/a (-y) (w)
Alkohol	alkogol (Ez)
allein	odyn
alles	wse
als (Vgl.)	jak
als (zeitl.)	koly
alt	staryj
Alter (Lebens-)	wik (-y)
anfangen	potschynaty
Angst	strach (-y)
anhalten	zupynjatysja; zu/pynytysja (-pynjusja, -pynyschsja) (II., v)
ankommen	prybuwaty; prybu/ty (-du); pryji/chaty (-du, -desch) (v)
Ankunft	pryjizd (Ez)
anmelden	powidomljaty
anstatt	zamist* (+ 2.)
Antwort	widpowid* (-i) (w)
antworten	widpowidaty
Apotheke	aptek/a (-y) (w)
arbeiten	prats/juwaty (-juju)
arm	bidnyj
Arzt	likar (-i)
auch	tesh
auf	na (+ 6.)
Aufenthalt	perebuwaty
aufhören	peresta/waty (-ju)
aufstehen	wst/awaty (-anu)
aufwachen	prosynatysja
aus	z, iz (+ 2.)
außer	krim (+ 2.)
Ausfuhr	wywiz
Ausgang	wych/id (-ody)
ausgezeichnet	tschudowyj
Auskunft	dowidk/a (-y) (w)
Ausland	zakordon
Ausländer	inozem/ets* (-tsi)
Ausländerin	inozemk/a (-y) (w)
Ausreise	wyjizd za kordon
Aussprache	wymowa (w)
aussteigen	wychod/yty (-shu, -ysch) (II.); wy/jty (-du)
Ausstellung	wystawk/a (-y) (w)
Ausweis	pasport (-y)
ausziehen, sich	rozdjahatysja
Auto	awtomobil* (-i)
Autobahn	awtostrad/a (-y) (w)
Autowerkstatt	majsternj/a (-i) (w)

B

baden	kupatysja
Badezimmer	wan/a (-y) (w)
Bahnhof	wokzal (-y)
Bahnsteig	platform/a (-y) (w); peron (-y)
bald	nezabarom
Bank	law/a (-y) (w)
Bank (Geld)	bank (-y)
Bargeld	hotiwk/a (-y) (w)
Batterie	batarejk/a (-y) (w)
bauen	bu/duwaty (-duju)
Bauer	sel/janyn (-jany)
beeilen, sich	pospischaty
befinden, sich	znachod/ytysja (-shusja, -yschsja)
begegnen, sich	zustritschatysja
beginnen	potschynatysja; potschynaty
begleiten	suprowodshu/waty (-ju)
begrüßen	witaty
behandeln (Krankh.)	li/kuwaty (-kuju)
Behörde	ustanow/a (-y) (w)
bei	u (+ 2.)
bekanntmachen, sich	znajom/ytysja (-lusja, -yschsja) (II.)

Bekleidung	odjah (Ez)
beleidigen	obrashaty
benachrichtigen	powidomljaty
Benzin	benzyn (Ez)
Beruf	profesij/a (-i) (w)
berühmt	znamenytyj
beschäftigen, sich	zachopljuwatysja (+ 5.)
beschweren, sich	skarshytysja (II.)
besichtigen	ohljadaty; ohljanuty (v)
Besitzer	wlasnyk (-y)
besser	kraschtsche
bestellen	zamowljaty; zamow/yty (-lju, -ysch) (v)
Bestellung	zamowlennja (=) (s)
bester	najkraschtschyj
Besuch	wizyt (-y)
besuchen	widwidu/waty (-ju)
betrügen	obman/juwaty (-uju)
betrunken	pjanyj
Bett	lishk/o (-a) (s)
bevor	poky
bezahlen	plat/yty (-schu, platysch) (II.); za/platyty (-platschu, -platysch) (II., v)
Bier	pywo (s, Ez)
Bild	kartyn/a (-y) (w)
billig	deschewyj
Binde	bynt (-y)
bis	do (+ 2.)
bißchen	trochy
Bitte	prochannja (=) (s)
bitten	prochaty
bleiben	zalyschatysja
Bleistift	oliw/ets* (-tsi)
Blume	kwit/ka (-y) (w)
Boot	tschow/en (-ny)
Botschaft (dipl.)	posol*stw/o (-a) (s)
Brauch	zwytschaj (-i)
brauchen	potre/buwaty (-buju)
breit	schyrokyj
brennen	hor/ity (3. Ez: -yt*, 3. Mz: -jat*) (II.)
Brief	lyst (-y)
Briefmarke	poschtow/a mark/a (-i -y) (w)
Brille	okuljary (Mz)
bringen	pryn/osyty (-oschu, -osysch) (II.); prynes/ty (-u, -esch) (v)
Brot	chlib (-y)
Brücke	mist (mosty)
Bruder	brat (-y)
Buch	knyshk/a (-y) (w)
buchen	zabron/uwaty (-uju) (v)
Buchstabe	bukw/a (-y) (w)
Bügeleisen	prask/a (-y) (w)
Burg	zam/ok (-ky)
Bürger (Staats-)	hromadj/anyn (-any)
Bürgerin (Staats-)	hromadjank/a (-y) (w)
Büro	bjuro (=) (s)
Bus	awtobus (-y)

C

Chauffeur	schofer (-y)
Chef	schef (-y)

D

da	tam, tut
Dach	dach (-y)
dafür	zate
dahinter	pozadu
damit (um zu)	schtschob
danach	potim
dankbar	wdjatschnyj
danke	djakuju
danken	djaku/waty (-ju)
dann	todi
darum	tomu
daß	schtscho
Datum	tsch/yslo (-ysla) (s)
dauern	trywa/ty (3. Ez: -je; 3. Mz: -jut*)
Decke (Bett)	kowdr/a (-y) (w)
denken	dumaty
Denkmal	pamjatnyk (-y)
deshalb	tomu
deutsch	nimets*kyj
Deutsche	nimk/a (-y) (w)
Deutscher	nim/ets* (-tsi)

Deutschland	Nimetschyna (w)
dick	towstyj
Diebstahl	kradishk/a (-y) (w)
dieses	tse
Ding (Sache)	ritsch (retschi) (w); spraw/a (-y) (w)
Diskothek	dyskotek/a (-y) (w)
Dokument(e)	dokument (-y)
Dolmetscher	perekladatsch (-i)
Dorf	selo (sela) (s)
dort	tam
dorthin	tudy
dringend	terminowo
dumm	nerozumnyj
dunkel	temnyj
dünn	chudyj
durch (quer)	tscherez (+ 4.), po (+ 3.)
dürfen	maty prawo
Durst (haben)	chotschetsja pyty
duschen	pryjmaty dusch

E

echt	sprawshnij
Ehefrau	drushyn/a (-y) (w)
Ehemann	tscholowik (-y)
Ehepaar	podrushja (=) (s)
Ei	jajtse (jajtsja) (s)
Eigentum	wlasnist* (w, Ez)
ein(e, -s)	odyn, odna, odne (m/w/s)
einander	odne odnoho
Einbruch	zlom (-y)
einfach	prostyj
Einfuhr	wiz (Ez)
Eingang	wch/id (-ody)
cinigc	dejaki
einladen	zaproschu/waty (-ju)
Einladung	zaproschennja (=) (s)
einmal	odyn raz
einsteigen (in)	sidaty (w + 4.)
eintreten	wchod/yty (-shu) (II.); zachod/yty (-shu) (II.) (+ 4.)
einverstanden	zhodnyj
Einwohner	shytel* (-i)
Eis (Speise-)	morozywo (s, Ez)
Eisenbahn	zaliznytsj/a (-i) (w)
Eltern	bat*ky (Mz)
empfangen (Gäste)	pryjmaty (hostej) (v)
empfehlen	rekomend/uwaty (-uju)
Ende	kin/ets* (-tsi)
endlich	nareschti
eng	tisnyj
England	Anhlija (w)
englisch	anhlijs*kyj
Enkel	onuk (-y)
Enkelin	onuk/a (-y) (w)
entscheiden	wyrischu/waty (-ju); wyrischyty (II., v)
entschuldigen, sich	wybatschatysja
entweder...oder	abo ... abo
Erde	zemlja (w, Ez)
Erfolg	uspich (-y)
erhalten	odershu/waty (-ju)
erholen, sich	widpotschywaty
erinnern, sich	pamjataty
erkältet sein	zastudytysja (v) (nur Verg.)
erklären	pojasn/uwaty (-juju)
erkundigen, sich	dowidu/watysja (-jusja)
erlauben	dozwoljaty
Erlaubnis	dozwil (Ez)
Ermäßigung	skydk/a (-y) (w)
Ersatzteil	zapasn/a detal/* (-i -i) (w)
erzählen	rozpowidaty
essen	jisty (unregelm.: jim, jisy)
essen (etwas Bestimmtes)	zjisty (v)
Essen	straw/a (-y) (w)
etwa (ungefähr)	pryblyzno
etwas	schtscho-nebud*

F

Fähre	porom (-y)
fahren (best. Richtung)	ji/chaty (-du, -desch)
fahren (hin/her)	ji/zdyty (-shu, -zdysch) (II.)
Fahrkarte	kwyt/ok (-ky)

Fahrplan	hrafik (-y); rozporjad/ok (-ky) pojizdiw
Fahrpreis	wartist* projizdu (w, Ez)
Fahrrad	welosyped (-y)
Fahrzeug	maschyn/a (-y) (w)
falsch	neprawyl*nyj
Familie	simja (simji) (w)
Familienname	prizwyschtsch/e (-a) (s)
Farbe	farb/a (-y) (w)
faul (Obst)	hnylyj
faul (träge)	linywyj
Fehler	pomylk/a (-y) (w); defekt (-y)
Feier	swjat/o (-a) (s)
feiern	swjat/kuwaty (-kuju)
Feld	pol/e (-ja) (s)
Fenster	wikno (wikna) (s)
Ferien	kanikuly (Mz)
fern	dalekyj
Fernsehgerät	telewizor (-y)
fertig	hotowyj
fest	twerdyj
Fest	swjat/o (-a) (s)
feucht	wolohyj
Feuer	woh/on* (-ni)
Fieber	wysoka temperatura (w, Ez)
Film	film (-y); pliwk/a (-y) (w)
finden	znachod/yty (-shu, -ysch) (II.); znaj/ty (-du, znajdesch) (II., v)
Finger	pal/ets* (-*tsi)
Fisch	ryb/a (-y) (w)
Flasche	pljaschk/a (-y) (w)
Fleisch	mjaso (s, Ez)
fleißig	staranyj
fliegen	litaty
flirten	flirt/uwaty (-uju)
Flughafen	aeroport (-y)
Flugticket	kwyt/ok na litak (-ky ...)
Flugzeug	litak (-y)
Fluß	ritschk/a (w) (-y)
Formular	formuljar (-y)
Fotoapparat	fotoaparat (-y)
fotografieren	fotohraf/uwaty (-uju)
fragen	zapytu/waty (-ju); zapytaty (v)
Frankreich	Frantsija (w)
Franzose	frantsuz (-y)
Französin	franstushenk/a (-y) (w)
französisch	frantsuz*ky
Frau	shink/a (-y) (w); pani (=) (w)
Fräulein	diwtsch/yna (-ata) (w)
frei	wil*nyj
fremd	tschushyj
freuen, sich	radu/watysja (-jusja)
Freund	dr/uh (-uzi)
Freundin	podruh/a (-y) (w)
freundlich	prywitnyj
Freundschaft	drushba (w, Ez)
Frieden	myr (Ez)
frieren	merznuty
frisch (Obst)	swishyj
fröhlich	weselyj
Frucht	frukt (-y) (m)
früh	rano
Frühling	wesna (wesny) (w)
frühstücken	snidaty; posnidaty (v)
fühlen, sich	potschuwaty sebe
Führung	ekskursij/a (-i) (w)
für	dlja (+ 2.), za (+ 4.)
fürchten, sich (vor)	boj/atysja (-usja, -ischsja) (II.)
Fuß	noha (nohy) (w)
Fuß, zu	pischky

G

ganz	wes*
Gas	haz (Ez)
Gasse	prowul/ok (-ky)
Gast	hist* (hosti)
Gastfreundschaft	hostynist* (w, Ez)
Gastgeber	hospodar (-i)
Gaststätte	jidal*nj/a (-i) (w)
Gebäck	petschywo (s, Ez)
Gebäude	budyn/ok (-ky)
geben	da/waty (-ju, -jesch); daty (unreg.: dam, dasy) (v)
Gebiet	kraj (-i)
Gebirge	hory (w, Mz)
Gebühr	podat/ok (-ky); myto (s, Ez)

Geburtstag	den* narodshennja
gefährlich	nebezpetschnyj
gefallen	podobatysja
Gefäß	posudyn/a (w) (-y)
Gefühl	potschutja (=) (s)
gegen	proty (+ 2.)
Gegend	mistsew/ist* (-osti) (w)
gegenüber	nawproty (+ 2.)
gehen (hin/her)	chod/yty (-shu, chodysch) (II.)
gehen (in eine Richtung)	ity (idu, idesch)
Geld	hroschi (Mz)
Gemüse	owotschi (Mz)
gemütlich	zatyschnyj
genau	totschnyj
genug	dosyt*
Gepäck	bahash (Ez)
geradeaus	prjamo
gern	ochotsche
Geschäft	mahazyn (-y)
Geschenk	podarun/ok (-ky)
Geschichte	opowidannja (=) (s)
Geschichte (hist.)	istorija (w, Ez)
Geschwister	brat i sestra (w)
Gesellschaft	towarystw/o (-a) (s)
Gesetz	zakon (-y)
gestern	wtschora
gesund	zdorowyj
Gesundheit	zdorowja (s, Ez)
Getränk	nap/ij (-oji)
Gewicht	waha (w, Ez)
Gewitter	hroza (hrozy) (w)
gewöhnen	zwykaty
gewöhnlich	zwytschajno (Adv)
Gewürze	prjanoschtschi (Mz)
Gift	otrut/a (-y) (w)
Giftschlange	otrujn/a zmija (-i zmiji) (w)
Glas (Material)	sklo (s, Ez)
Glas (Trink-)	skljank/a (-y) (w)
glauben	wir/yty (-ju) (II.)
Glück	schtschastja (s, Ez)
glücklich sein	potschuwa/ty (-ju) sebe schtschaslyw/ym (-oju, w)
Gold	zoloto (s, Ez)
Gott	boh (-y)
Gramm	hram (-y)
gratulieren	pozdorowljaty
Grenze	kordon (-y)
Grippe	hryp (Ez)
groß	welykyj
Größe (Kleidg.)	rozmir (-y)
Großmutter	babusj/a (-i) (w)
Großvater	didus* (-i)
Gruppe	hrup/a (-y) (w)
grüßen	witaty
grüßen, sich	witatysja
gültig	dijsnyj
gut	dobryj

H

haben	maty
Hafen	port (-y)
Hälfte	polowyn/a (-y) (w)
halten (in der Hand)	trymaty; dersh/aty (-u, dershysch) (II.)
Haltestelle	zupynk/a (-y) (w)
Handel	torhiwlja (w, Ez)
hart	twerdyj
Haus	budyn/ok (-ky); dim (domy)
Hausfrau	domohospodark/a (-y) (w)
Hausherr	chazja/jin domu (-ji ...)
heben	pidnimaty; pidn/jaty (-imu) (v)
heiß (Getränk)	harjatschyj
heiß (Wetter)	sharkyj
heißen	nazywatysja
helfen	dopomahaty; dopom/oh (-oshu, -oshesch) (v)
hell	switlyj
Herbst	osin* (w, Ez)
Herr	pan (-y)
herunterlassen (Liege im Zug)	opuskaty; op/ustyty (-uschtschu, -ustysch) (II., v)
herzlich	serdetschnyj
heute	sjohodni
hier	tut
Hilfe	dopomoha (w, Ez)
hingelangen	dobyratysja

hinter	za (+ 5.)
hoch	wysokyj
hochheben	pidnimaty; pidn/jaty (-imu) (v)
Hochzeit	wesilja (=) (s)
hoffen	spodiwatysja
höflich	tschemnyj
Holz	der/ewo (-ewa) (s)
hören	sluchaty; tschuty
Hotel	hotel* (-i)
hungrig (sein)	buty holodnym
Hygiene	gigijena (w, Ez)

I

immer	zawshdy
impfen	robyty (roblju, robysch); prywywku (II.)
in (Ort)	w, u, na (+ 6.)
in (Richtung)	w, u, na (+ 4.)
in (zeitl.)	tscherez, za (+ 4.)
Industrie	industrija (w, Ez)
Insel	ostr/iw (-owy)
interessant	tsikawyj
interessieren, sich (für)	tsikaw/ytysja (-ljusja, -yschsja) (II.)
international	internatsional*nyj
irren, sich	pomyljatysja

J

ja	tak
jagen	polj/uwaty (-uju)
Jahr	rik (roky)
Jahreszeit	pora (w) roku (pory ...)
jährlich	schtschoritschnyj
Jeans	dshynsy (Mz)
jeder	koshnyj
jedesmal	schtschorazy
jemand	chtos
jener	toj
jetzt	teper
Journalist	shurnalist (-y)
jung	molodij
Junge	chlop/ets* (-tsi)
jüngerer	molodschyj

K

Kaffee (Getr.)	kawa (w, Ez)
Kaffee (Prod.)	kofe (s, Ez)
kalt	cholodno
kaputt	ne pratsjuje
Karte (Land-)	map/a (-y) (w)
Kasse	kas/a (-y) (w)
kaufen	kup/uwaty (-uju); kup/yty (-lju, kupysch) (II., v)
Kaufhaus	uniwermah (-y)
Kellner	ofistia/nt (-ty)
Kellnerin	ofistiantk/a (-y) (w)
kennen	zna/ty (-ju)
Kind	dytyna (dity) (w)
Kino	kino (=) (s)
Kirche	tserkw/a (-y) (w)
Kleidung	odjah (Ez)
klein	malyj
klug	rozumnyj
Kneipe	pywnytsj/a (-i) (w)
kochen	waryty (warju, warysch) (II.)
kommen (an-)	prychod/yty (-schu) (II., v); pryji/chaty (-du, -desch) (v)
kompliziert	skladnyj
können	mo/hty (-shu); umity
Konsulat	konsul*stw/o (a) (s)
kontrollieren	kontrol/juwaty (-juju)
Konzert	kontsert (-y)
kosten (Preis)	koschtu/waty (-je)
kosten (Speise)	kuscht/uwaty (-uju)
kostenlos	bezplatnyj
krank	chworyj
Krankenhaus	likarnj/a (-i) (w)
Krankheit	chworob/a (-y) (w)
kühl	procholodnyj
Kunst	mystetstw/o (-a) (s)
kurz	korotkyj
küssen	tsil/uwaty (-uju)

L

lächeln	usmichatysja (v)
lachen (über)	smij/atysja (-usja) (nad + 5.)

Lage (geogr.)	poloshennja (=) (s)
Laken	prostyradl/o (-a) (s)
Lampe	lamp/a (-y) (w)
Land	krajina (-y) (w)
Landkarte	heohrafitschn/a kart/a (-i -y) (w); map/a (-y) (w)
Landschaft	landschaft (-y)
Landwirtschaft	sil*sk/e hospodarstw/o (-i) (s)
lang(e)	dowhyj
langsam	powil*nyj
langweilig	nudnyj
laufen	biha/ty (-ju)
laut	holosno (Adv)
leben	shyty
Leben	shytja (=) (s)
Lebensmittel	prodowol*tschi towary (Mz)
ledig	ne-odrushenyj
leer	pustyj
legen	kla/sty (-du); pokla/sty (v)
lehren	nawtschaty.
leicht	lehkyj
leihen, sich (von)	pozytschaty (u + 2.)
lernen	nawtschatysja
lesen	tschytaty
Leute	ljudy (Mz)
Licht	switlo (s, Ez)
lieben	ljub/yty (-lju, ljubysch) (II.)
Lied	pisnj/a (-i) (w)
liegen	lesh/aty (-u) (II.)
links	liworutsch
links, nach	naliwo
Loch	dirk/a (-y) (w)
Lohn (Gehalt)	zarpla/ta (-y) (w)
Luft	powitrja (s, Ez)
lügen	howoryty neprawdu (II.)
lustig	weselyj

M

machen (tun)	rob/yty (-lju, robysch) (II.); zrob/yty (-lju) (II., v)
Mädchen	diwtsch/yna (-ata) (w)
malen	mal/juwaty (-juju)
manchmal	inkoly
Mann	tscholowik (-y)
Markt	ryn/ok (-ky); bazar (-y)
Medikament	medykament (-y)
Meer	mor/e (-ja) (s)
mehr	bil*sche
Menge	kil*kist* (w, Ez)
Mensch	ljudyna (ljudy) (w)
merken, sich	zapamjataty
Messer	nish (noshi) (m)
mieten (Zimmer)	znimaty (kimnatu)
Minute	chwylyn/a (-y) (w)
mit	z, zi (+ 5.)
Mittag	obid (-y)
Mittag essen	obidaty; po-obidaty (v)
mitteilen	powidomljaty; powidom/yty (-lju, -ysch) (II., v)
Mode	moda (w, Ez)
möglich	moshlywo (Adv)
Monat	misjats* (-i)
morgen	zawtra
Morgen	ran/ok (-ky)
morgens	wrantsi
Motor	motor (-y)
Motorboot	motorn/yj tschow/en (-i -ni)
Motorrad	mototsykl* (-y)
müde	stomlenyj
müde werden	wtom/ytysja (-lusja, -yschsja) (II., v); Verg.: wtom/ywsja (m), -ylasja (w)
Museum	muzej (-i)
Musik	musyka (w, Ez)
müssen	mu/syty (muschu) (II.)
Mutter	ma/ty (-teri) (w); mam/a (-y) (w)

N

nach	pislja (+ 2.)
nach (Richtung)	w, u, na (+ 4.)
Nachmittag	pislja obidu
Nachname	prizwyschtsch/e (-a) (s)

Nachricht	powidomlennja (=) (s)
Nacht	nitsch (notschi) (w)
nackt	holyj
Nadel	holk/a (-y) (w)
nah	blyz*kyj
Name	im/ja (-ena) (s)
naß	mokryj
Nationalität	natsional*n/ist* (-osti) (w)
Natur	pryroda (w, Ez)
natürlich (n. künstl.)	natural*nyj
neben	bilja (+ 2.)
nehmen	braty (beru, beresch); wzjaty (wiz*mu, wiz*mesch) (v)
nein	ni
neu	nowyj
neugierig	dopytlywyj
nicht	ni, ne
nichts	nitschoho + ne
niedrig	nyz*kyj
niemals	nikoly + ne
niemand	nichto + ne
nirgendwo	nide + ne
nirgendwohin	nikudy + ne
noch	schtsche
noch einmal	schtsche raz
Norden	piwnitsch (w, Ez)
normal	normal*nyj
notwendig	ne-obchidnyj
Nummer	nomer (-y)
nur	til*ky
nutzen	koryst/uwatysja (-ujusja) (+ 5.)

O

ob	tschy
oben	uhori
Obst	frukty (Mz)
oder	abo
öffnen	widkrywaty; widkr/yty (-yju) (v)
oft	tschasto
ohne	bez (+ 2.)
Öl (Auto-)	maslo (s, Ez)
Öl (Speise-)	olija (w)
Onkel	djad*/ko (-ky)
organisieren	orhaniz/uwaty (-uju)
Ort	naselen/yj punkt (-i punkty)
Osten	s-chid (Ez)
Österreich	Awstrija (w)
Österreicher	awstrij/ets* (-tsi)
Österreicherin	awstrijk/a (-y) (w)
österreichisch	awstrijs*kyj

P

paar	dekil*ka
Paar	par/a (-y) (w)
Päckchen	pakun/ok (-ky)
Paket	paket (-y)
Palast	palats (-y)
Panne	awarij/a (-i) (w)
Papier	papir (Ez)
Papiere (Dokumente)	papery (Mz)
Park	park (-y)
parken	park/uwaty (-uju)
Parkplatz	stojank/a (-y) (w)
Paß	pasport (-y)
passen (Kleid.)	syd/ity (nur 3. Ez: -yt*, 3. Mz: jat*) (II.); buty w poru
Patient	patsijent (-y)
Pause	paus/a (-y) (w); pererw/a (-y) (w)
Person	person/a (-y) (w)
Plan	plan (-y)
Platz (in der Stadt)	majdan (-y); ploschtsch/a (-i) (w)
Platz (Sitz-)	mists/e (-ja) (s)
Platzkarte	platskart/a (-y) (w)
plötzlich	raptom
Politik	polityka (w, Ez)
Polizei	militsij/a (-i) (w)
Polizist	militsioner (-y)
Post(amt)	poscht/a (-y) (w)
Postkarte	poschtow/a lystiwk/a (-i -y) (w)
Preis	tsina (tsiny) (w)
privat	prywatnyj
Problem	problem/a (-y) (w)

Programm	program/a (-y) (w)
Prospekt	prospekt (-y)
pünktlich	totschnyj

Q / R

Qualität	jak/ist* (-osti) (w)
Rad	kol/eso (-esa) (s)
Radiogerät	radio (=) (s)
rauchen	pal/yty (-ju, palysch) (II.); kur/yty (-ju, kurysch) (II.); zakur/yty (-ju, zakurysch) (II., v)
Raum	prymischtschennja (=) (s)
rechnen	rach/uwaty (-uju)
Rechnung	rachun/ok (-ky)
Recht	praw/o (-a) (s)
rechts	praworutsch
reden	howor/yty (-ju, howorysch) (II.)
regelmäßig	rehuljarno (Adv)
Regen	doschtsch (-i)
registrieren	rehistr/uwaty (-uju)
reich	bahatyj
reif	spilyj
Reifen	schyn/a (-y) (w)
Reise	pojizdk/a (-y) (w); podorosh (-i) (w)
Reisebüro	bjuro (s) podoroshej (=)
reisen	podorosh/uwaty (-uju)
rennen	biha/ty (-ju)
rennen	bihty (bishu) (II.)
Reparatur	remont (-y)
reparieren	remont/uwaty (-uju)
reservieren	rezerw/uwaty (-uju)
Restaurant	restoran (-y)
Rettungswagen	schwydka dopomoha (w, Ez)
richtig	prawyl*no (Adv); wirno (Adv)
Richtung	naprjam (-y)
roh	syryj
Rückfahrt	zworotna put* (w, Ez)
Rucksack	rjuksak (-y)
rückständig	widstalyj
rufen	zwaty (zowu); krytschaty
Ruhe	spokij (Ez)

S

Sache	spraw/a (-y) (w)
sagen	how/oryty (-ju, -orysch) (II.); ska/zaty (-shu, skashesch) (v)
Salbe	maz* (-i) (w)
Salz	sil* (soli) (w)
sammeln	zbyraty
satt	sytyj
sauber	tschystyj
säubern	tschy/styty (-schtschu, -stysch) (II.)
sauer	kyslyj
schade	shal*
Schaffner	prowidnyk (-y)
Schallplatte	hramplastynk/a (-y) (w)
scharf	hostryj
Scheck	tschek (-y)
Schere	noshnytsi (Mz)
schicken (Post)	posylaty
schießen	striljaty
Schiff	korab/el* (-li)
schlafen	spaty (splju, spysch) (II.)
Schlafzimmer	spal*nj/a (-i) (w)
schlagen	byty (bju, bjesch)
schlecht	pohanyj
schließen	zakrywaty; zakryty (v)
Schloß (Bau)	zam/ok (-ky)
Schlüssel	kljutsch (-i)
schmackhaft	smatschnyj
Schmerz	bil* (boli)
schmerzen	bol/ity (nur 3. Ez: -yt*, 3. Mz: -jat*) (II.)
Schmuck	prykras/a (-y) (w)
schmutzig	brudnyj
Schnaps	horilk/a (-y) (w)
Schnee	snih (Ez)
schnell	schwydko (Adv)
schon	wshe, ushe
schön	harnyj
schreiben	pysaty (pyschu, pyschesch)
schreiben, sich	lyst/uwatysja (-ujusja)
schreien	krytsch/aty (-u, -ysch) (II.)
schreien	zwaty (zowu); krytschaty
Schuhe	wzuttja (=) (s)

schuldig	wynyj
Schule	schkol/a (-y) (w)
Schüler	schkoljar/* (-i)
Schülerin	schkoljar*ka (-y) (w)
schwanger	wahitna (Adv, Adj)
Schweiz	Schwejtsarija (w)
Schweizer	schwej/tsarets* (-starsti)
Schweizerin	schwejtsark/a (-y) (w)
schweizerisch	schwejtsars*kyj
schwer	washkyj
Schwester	sestra (sestry) (w)
schwimmen	plawaty
schwitzen	potity
See, der	ozero (ozera) (s)
sehen	dyw/ytysja (-ljusja, dywyschsja) (II.); batsch/yty (-u) (II.)
sehen, sich	batsch/ytysja (-usja) (II.)
Sehenswürdigkeiten	wyznatschni pamjatky (Mz)
sehr	dushe
Seide	schowk (-y)
Seife	mylo (s, Ez)
Seil	tros (-y)
sein (Verb)	buty (nur Verg. u. Zuk.)
seit	z, wid (+ 2.)
Sekunde	sekund/a (-y) (w)
selbst	sam
selten	ridko (Adv)
Servicebüro	bjuro (s) obsluhowuwannja (=)
setzen, sich	sidaty; sisty (sjadu, sjadesch) (v)
sicher	nadijnyj
Silber	serebro (s, Ez)
singen	spiwaty
sitzen	sy/dity (-shu, -dysch) (II.)
so	tak
sofort	zaraz
Sohn	syn (-y)
sollen	musyty (muschu) (II.); treba (+ Grundform des Verbs)
Sommer	lit/o (-a) (s)
Sonne	sontse (s, Ez)
sparen	ekonom/yty (-lju, -ysch) (II.)
spät	pizno (Adv)

spazierengehen	huljaty; prohuljatysja (v)
Speise	straw/a (-y) (w)
Speisekarte	menju (s, Ez)
Spielzeug	ihraschk/a (-y) (w)
Sport	sport (Ez)
Sprache	mow/a (-y) (w)
sprechen	how/oryty (-orju, -orysch) (II.)
spritzen (Med.)	dawaty ukol (daju ...)
Staatsangehörigkeit	piddanstw/o (-a) (s)
Stadt	mist/o (-a) (s)
Stadtplan	plan mista (-y ...)
stark (Kaffee)	mitsnyj
stark (Regen)	syl*nyj
stehen	sto/jaty (-ju, -isch) (II.)
Stein	kam/in* (-ni)
Stelle (Ort)	mists/e (-ja) (s)
stellen	staw/yty (-lju, -ysch) (II.); postawyty (II., v)
sterben	pomyraty
Stimme	holos (-y)
Stoff	tkanyn/a (-y) (w)
stören	zawashaty
Strafe	schtraf (-y)
Straße	wulytsj/a (-i) (w)
Straßenbahn	tramwaj (-i)
Streichholz	sirnyk (-y) (m)
streiten	speretschatysja
Stück	schtuk/a (-y)
Student	student (-y)
Stunde	hodyn/a (-y) (w)
suchen	schukaty
Süden	piwden* (Ez)
Summe	sum/a (-y) (w)
Suppe	sup (-y)
süß	solodkyj

T

Tabak	tjutjun (Ez)
Tablette	tabletk/a (-y) (w)
Tag	den* (dni)
täglich	schtschodnja
Tal	dolyn/a (-y) (w)
Tankstelle	benzokolonk/a (-y) (w); zaprawk/a (-y) (w)

Tante	titk/a (-y) (w)
tanzen	tants/juwaty (-uju)
Tasche	sumk/a (-y) (w)
tauschen (etw.)	pominjaty (v)
tauschen (mit jemandem)	pominja/tysja (-jusja)
Taxi	taksi (=) (s)
Tee	tschaj (Ez)
Telefon	telefon (-y)
telefonieren	dzw/onyty (-onju, -onysch) (II.); telefon/uwaty (-uju)
Telegramm	telegram/a (-y) (w)
teuer (Preis)	dorohyj
Theater	teatr (-y)
Theaterkarte	kwyt/ok (-ky)
tief	hlybokyj
Tier	twaryn/a (-y) (w)
Tochter	dotschka (dotschky) (w)
Tod	smert* (-i) (w)
Toilette	tualet (-y)
Toilettenpapier	tualetnyj papir (Ez)
tot	mertwyj
töten	ubywaty
Tourist	turyst (-y)
Touristin	turystk/a (-y) (w)
Tradition	tradytsij/a (-i) (w)
tragen	nes/ty (-u, -esch)
traurig	sumnyj
treffen	zustritschaty
treffen, sich	zustritschatysja
Treppe	schody (Mz)
trinken	pyty (pju, pjesch)
Trinkgeld	tschajowi (Mz)
trocken	suchyj
tschüß!	buwaj! (Ez), buwajte! (Mz)
tun	rob/yty (-lju, robysch) (II.); zrob/yty (-lju) (II., v)
Tür	dweri (Mz)
Turm	wesh/a (-i) (w)

U

über (örtl.)	po (+ 3.), tscherez (+ 4.)
über (zeitl.)	tscherez (+ 4.)
überall	skriz*
überflüssig	nepotribnyj
übernachten	notsch/uwaty (-uju); perenotsch/uwaty (-uju) (v)
übersetzen	perekladaty; perekla/sty (-du) (v)
Übersetzer	perekladatsch (-i)
Überweisung (Bank)	hroschow/yj perekaz (-i -y)
Uhr	hodynnyk (-y)
um (Zeit)	o (+ 3.)
um zu ...	schtschob
Umleitung	objizd (-y)
umtauschen	minjaty; pominjaty (v)
Umweg	obch/id (-ody)
Umwelt	nawkolyschnij swit (Ez)
unbekannt	newidomyj
und	i, ta
Unfall	neschtschasnyj wypad/ok (-i -ky)
Universität	uniwersytet (-y)
unschuldig	newynyj
unten	wnyzu
unter	pid (+ 5.)
unterhalten, sich (über)	rozmowljaty (z + 5.)
Unterkunft	pryjut (Ez)
unterrichten	wykladaty
unterschreiben	pidpysu/waty (-ju); pid/pysaty (-pyschu, -pyschesch) (v)
Urlaub	widpustka (w, Ez)

V

Valuta (Devisen)	waljuta (w); wil*no konwertowana waljuta (w, Ez)
Vater	bat*k/o (-y)
verabreden	domowljaty
verabreden, sich	domowljatysja
Verabredung	domowlen/ist* (-osti) (w)
verabschieden, sich	proschtschatysja
Verantwortung	widpowidal*nist* (w, Ez)
verboten (es ist ...)	zaboroneno
Verbrechen	zlotsch/yn (-ny)

verdienen	zarobljaty hroschi
vergessen	zabuwaty; zabuty (v)
vergnügen, sich	wesel/ytysja (-jusja) (II.)
verirren, sich	zabludy/tysja (nur Verg.: -wsja) (II., v)
verkaufen	proda/waty (-ju)
verleihen (etw.)	pozytschaty
verletzt	poranenyj
Verletzung	poranennja (=) (s)
verlieben, sich	zakocha/tysja (nur Verg.: -wsja) (v)
verlieren (etw.)	zahuby/ty (nur Verg.: -w) (II., v)
vermieten	zda/waty wnajmy (-ju ...)
Vermittlung	poserednytstw/o (-a) (s)
Versicherung	strachuwannja (=) (s)
verspäten, sich	zapizn/juwatysja (-ujusja); zapizn/ytysja (-jusja) (II., v)
verstehen	rozumity
versuchen	probu/waty (-ju)
viel	bahato (Adv)
vielleicht	moshlywo
Volk	narod (-y)
voll	pownyj
von (Ort)	z, wid (+ 2.)
vor	pered (+ 5.)
vorbeikommen	zachod/yty (-shu) (II.); zaj/ty (-du, zajdesch) (v)
vorbereiten	hot/uwaty (-uju); pryhotuwaty (v)
vorher	ranische
Vormittag	do obidu
vormittags	do obidu
Vorname	im/ja (-ena) (s)
vorschlagen	propon/uwaty (-uju)
vorstellen (jmd.)	poznajom/yty (-lju) (II.)
vorstellen, sich	poznajom/ytysja (-lusja) (II.)

W

Waggon (Zug)	wahon (-y)
wahr	prawda (Adv)
während	pid tschas (+ 2.)
Wahrheit	prawda (w, Ez)
Wald	lis (-y)
Wand	stina (stiny) (w)
wandern	mandr/uwaty (-uju)
Ware	towar (-y)
warm	teplyj
warten	tschekaty
wann?	koly?
warum?	tschomu?
was?	schtscho?
waschen	my/ty (-ju, -jesch)
waschen, sich	my/tysja (-jusja)
Wäscherei	pral*nja (w, Ez)
Wasser	woda (wody) (w)
Watte	wata (w, Ez)
wechseln (Geld)	rozminju/waty (-ju); rozminjaty (v)
wechseln (Wäsche)	zminju/waty (-ju); zminjaty (v)
wecken	bud/yty (-shu, budesch) (II.); rozbud/yty (-shu) (II., v)
weder ... noch	ni ... ni
Weg	doroh/a (-y) (w)
wegen	zarady (+ 2.)
weil	bo
weinen	pla/katy (-tschu)
weit	daleko (Adv)
welcher?	jakyj?
wenden an, sich	zwertatysja do (+ 2.)
wenig	malo (Adv)
wenig, ein	trochy
wenn (als)	koly
wenn (falls)	jakschtscho
wer?	chto?
werden	bu/ty (-du)
Werkstatt	majsternj/a (-i) (w)
Westen	zachid (Ez)
Wetter	pohoda (w, Ez)
wichtig	washlywyj
wie (Vergleich)	jak
wie?	jak?
wieder	znowu
wiederholen	powtorju/waty (-ju); pow/toryty (-torju, -torysch) (II., v)
wieviel?	skil*ky?
Wind	wit/er (-ry)
Winter	zyma (zymy) (w)

wissen	zna/ty (-ju)
wo?	de?
Woche	tysh/den* (-ni)
wohnen	meschkaty
Wohnung	kwartyr/a (-y) (w)
wollen	chotity (chotschu)
Wort	slow/o (-a) (s)
Wörterbuch	slownyk (-y)
Wunde	ran/a (-y) (w)
wunderbar	tschudowyj
wünschen	bashaty

Z

zahlen (be-)	plat/yty (-schu, platysch) (II.); zaplatyty (II., v)
Zahnarzt	zubn/yj likar (-i -i)
Zahnpasta	zubn/a past/a (-i -y) (w)
zeigen	pokazu/waty (-ju); pok/azaty (-aschu, -aschesch) (v)
Zeit	tschas (-y)
Zeitung	hazet/a (-y) (w)
Zentrum	tsentr (-y)
Zigarette	syhare/ta (-y) (w)
Zimmer	kimnat/a (-y) (w)
Zoll	mytnytsj/a (-i) (w)
zu	do (+ 2.)
zufrieden	zadowolenyj
Zug	pojizd (-y); potjah (-y)
zurück	nazad
zusammen	razom
zuviel	zabahato (Adv)
zwischen	mish (+ 5.)

Ukrainisch - Deutsch

A

a	aber
abo	oder
adres/a (-y) (w)	Adresse
aeroport (-y)	Flughafen
ale	aber
alkogol (Ez)	Alkohol
Anhlija (w)	England
anhlijs*kyj	englisch
aptek/a (-y) (w)	Apotheke
awarij/a (-i) (w)	Panne
awstrij/ets* (-tsi)	Österreicher
Awstrija (w)	Österreich
awstrijk/a (-y) (w)	Österreicherin
awstrijs*kyj	österreichisch
awtobus (-y)	Bus
awtomobil* (-i)	Auto
awtostrad/a (-y) (w)	Autobahn

B

bab/a (-y) (w)	Alte
babusj/a (-i) (w)	Großmutter
bahash (Ez)	Gepäck
bahato (Adv)	viel
bahatyj	reich
bank (-y)	Bank (Geld)
bashaty	wünschen
bat*k/o (-y)	Vater
bat*ky (Mz)	Eltern
batarejk/a (-y) (w)	Batterie
batsch/yty (-u) (II.)	sehen
batsch/ytysja (-usja) (II.)	sich sehen
bazar (-y)	Markt
benzokolonk/a (-y) (w)	Tankstelle
benzyn (Ez)	Benzin
bez (+ 2.)	ohne
bezplatnyj	kostenlos
bidnyj	arm
biha/ty (-ju)	laufen, rennen
bil* (boli)	Schmerz
bil*sche	mehr
bilja (+ 2.)	neben
bjuro (=) (s)	Büro
bjuro (s) podoroshej (=)	Reisebüro
blyz*kyj	nah
bo	weil
boh (-y)	Gott
boj/atysja (-usja, -ischsja) (II.)	sich fürchten (vor)
bol/ity (nur 3. Ez: -yt*, 3. Mz: -jat*) (II.)	schmerzen

brat (-y) | Bruder
brat i sestra (w) | Geschwister
braty (beru, beresch) | nehmen
brudnyj | schmutzig
bu/duwaty (-duju) | bauen
bud/yty (-shu, budesch) (II.) | wecken
budyn/ok (-ky) | Haus
buty (nur Verg. u. Zuk.) | sein (Verb); werden
buty holodnym | hungrig (sein)
buty w poru | passen (Kleid.)
bynt (-y) | Binde
byty (bju, bjesch) | schlagen

C

chazja/jin domu (-ji ...) | Hausherr
chlib (-y) | Brot
chlop/ets* (-tsi) | Junge
chod/yty (-shu, chodysch) (II.) | gehen (hin/her)
cholodno | kalt
chotity (chotschu) | wollen
chotschetsja pyty | Durst (haben)
chtos | jemand
chudyj | dünn
chworob/a (-y) (w) | Krankheit
chworyj | krank
chwylyn/a (-y) (w) | Minute

D

dach (-y) | Dach
daleko (Adv) | weit
dalekyj | fern
daty (unreg.: dam, dasy) (v) | geben
da/waty (-ju, -jesch) | geben
dawaty ukol (daju ...) | spritzen (Med.)
defekt (-y) | Fehler
dejaki | einige
dekil*ka | paar
den* (dni) | Tag
den* narodshennja (dni ...) | Geburtstag
der/ewo (-ewa) (s) | Holz; Baum
dersh/aty (-u, dershysch) (II.) | halten (in der Hand)
deschewyj | billig
didus* (-i) | Großvater
dijsnyj | gültig
dim (domy) | Haus
dirk/a (-y) (w) | Loch
diwtsch/yna (-ata) (w) | Fräulein, Mädchen
djad*/ko (-ky) | Onkel
djakuju | danke
djaku/waty (-ju) | danken
dlja (+ 2.) | für
do (+ 2.) | bis, zu
do obidu | Vormittag(s)
dobryj | gut
dobyratysja | hingelangen
dokument (-y) | Dokument(e)
dolyn/a (-y) (w) | Tal
domohospodark/a (-y) (w) | Hausfrau
domowlen/ist* (-osti) (w) | Verabredung
domowljatysja | sich verabreden
dopomahaty | helfen
dopomoha (w, Ez) | Hilfe
dopom/ohty (-oshu, -oshesch) (v) | helfen
dopytlywyj | neugierig
doroh/a (-y) (w) | Weg
dorohyj | teuer (Preis)
doschtsch (-i) | Regen
dosyt* | genug
dotschka (dotschky) (w) | Tochter
dowhyj | lang(e)
dowidk/a (-y) (w) | Auskunft
dozwil (Ez) | Erlaubnis
dozwoljaty | erlauben
dr/uh (-uzi) | Freund
drushyn/a (-y) (w) | Ehefrau
dumaty | denken
dushe | sehr
dweri (Mz) | Tür
dyskotek/a (-y) (w) | Diskothek
dytyna (dity) (w) | Kind
dyw/ytysja (-ljusja, dywyschsja) (II.) | sehen
dzw/onyty (-onju, -onysch) (II.) | telefonieren

E

ekonom/yty (-lju, -ysch) (II.)	sparen
ekskursij/a (-i) (w)	Führung

F

fabryk/a (-y) (w)	Fabrik
farb/a (-y) (w)	Farbe
film (-y)	Film
flirt/uwaty (-uju)	flirten
formuljar (-y)	Formular
fotoaparat (-y)	Fotoapparat
fotohraf/uwaty (-uju)	fotografieren
franstushenk/a (-y) (w)	Französin
Frantsija (w)	Frankreich
frantsuz (-y)	Franzose
frantsuz*ky	französisch
frukt (-y) (m)	Frucht
frukty (Mz)	Obst

G / H

gigijena (w, Ez)	Hygiene
harjatschyj	heiß (Getränk)
harnyj	schön
haz (Ez)	Gas
hazet/a (-y) (w)	Zeitung
heohrafitschn/a kart/a (-i -y) (w)	Landkarte
hist* (hosti)	Gast
hlybokyj	tief
hnylyj	faul (Obst)
hodyn/a (-y) (w)	Stunde
hodynnyk (-y)	Uhr
holk/a (-y) (w)	Nadel
holos (-y)	Stimme
holosno (Adv)	laut
holyj	nackt
hor/a (hory) (w)	Berg
horilk/a (-y) (w)	Schnaps
hor/ity (3. Ez: -yt*, 3. Mz: -jat*) (II.)	brennen
hospodar (-i)	Gastgeber
hostynist* (w, Ez)	Gastfreundschaft
hotel* (-i)	Hotel
hotiwk/a (-y) (w)	Bargeld
hotowyj	fertig
hot/uwaty (-uju)	vorbereiten
how/oryty (-orju, -orysch) (II.)	sprechen, reden, sagen
howoryty neprawdu (II.)	lügen
hrafik (-y)	Fahrplan
hram (-y)	Gramm
hramplastynk/a (-y) (w)	Schallplatte
hromadj/anyn (-any)	Staatsbürgerin
hromadjank/a (-y) (w)	Staatsürger
hroschi (Mz)	Geld
hroschow/yj perekaz (-i -y)	Überweisung (Bank)
hroza (hrozy) (w)	Gewitter
hrup/a (-y) (w)	Gruppe
huljaty	spazierengehen

I

i	und
im/ja (-ena) (s)	(Vor)Name
industrija (w, Ez)	Industrie
inkoly	manchmal
inozem/ets* (-tsi)	Ausländer
inozemk/a (-y) (w)	Ausländerin
internatsional*nyj	international
istorija (w, Ez)	Geschichte (hist.)
ity (idu, idesch)	gehen (in eine Richtung)
iz (+ 2.)	aus

J

jajtse (jajtsja) (s)	Ei
jak	als, als (Vgl.)
jak/ist* (-osti) (w)	Qualität
jakschtscho	wenn (falls)
ji/chaty (-du, -desch)	fahren (best. Richtung)
jidal*nj/a (-i) (w)	Gaststätte
jisty (unregelm.: jim, jisy)	essen
ji/zdyty (-shu, -zdysch) (II.)	fahren (hin/her)

K

kam/in* (-ni)	Stein
kanikuly (Mz)	Ferien
kart/a (-y) (w)	(Land)Karte
kartyn/a (-y) (w)	Bild
kas/a (-y) (w)	Kasse
kawa (w, Ez)	Kaffee (Getr.)
kil*kist* (w, Ez)	Menge
kimnat/a (-y) (w)	Zimmer
kin/ets* (-tsi)	Ende
kino (=) (s)	Kino
kla/sty (-du)	legen
kljutsch (-i)	Schlüssel
knyshk/a (-y) (w)	Buch
kofe (s, Ez)	Kaffee (Prod.)
kol/eso (-esa) (s)	Rad
koly	wenn, als (zeitl.)
konsul*stw/o (a) (s)	Konsulat
kontrol/juwaty (-juju)	kontrollieren
kontsert (-y)	Konzert
konwert (-y)	Briefumschlag
korab/el* (-li)	Schiff
kordon (-y)	Grenze
korotkyj	kurz
koryst/uwatysja (-ujusja) (+ 5.)	nutzen
koschtu/waty (-je)	kosten (Preis)
koshnyj	jeder
kradishk/a (-y) (w)	Diebstahl
kraj (-i)	Gebiet
krajina (-y) (w)	Land
kraschtsche	besser
krim (+ 2.)	außer
krytschaty	rufen schreien
kupatysja	baden
kupe (=) (s)	Abteil (Zug)
kup/uwaty (-uju)	kaufen
kup/yty (-lju, kupysch) (II., v)	kaufen
kur/yty (-ju, kurysch) (II.)	rauchen
kuscht/uwaty (-uju)	kosten
kwartyr/a (-y) (w)	Wohnung
kwyt/ok (-ky)	Eintritts-, Fahrkarte
kwyt/ok na litak (-ky ...)	Flugticket

L

lamp/a (-y) (w)	Lampe
landschaft (-y)	Landschaft
law/a (-y) (w)	Bank
lehkyj	leicht
lejkoplastyr (Ez)	Heftpflaster
lesh/aty (-u) (II.)	liegen
likar (-i)	Arzt
likarnj/a (-i) (w)	Krankenhaus
li/kuwaty (-kuju)	behandeln (Krankh.)
linywyj	faul (träge)
lis (-y)	Wald
lishk/o (-a) (s)	Bett
litak (-y)	Flugzeug
litaty	fliegen
lit/o (-a) (s)	Sommer
liworutsch	links
ljub/yty (-lju, ljubysch) (II.)	lieben
ljudy (Mz)	Leute
ljudyna (ljudy) (w)	Mensch
lyst (-y)	Brief
lyst/uwatysja (-ujusja)	sich schreiben

M

mahazyn (-y)	Geschäft
majdan (-y)	Platz (Stadt)
majsternj/a (-i) (w)	Autowerkstatt
mal/juwaty (-juju)	malen
malo (Adv)	wenig
malyj	klein
mam/a (-y) (w)	Mutter
mandr/uwaty (-uju)	wandern
map/a (-y) (w)	(Land)Karte
maschyn/a (-y) (w)	Fahrzeug
maslo (s, Ez)	Öl (Auto-)
ma/ty (-teri) (w)	Mutter
maty	haben
maty prawo	dürfen
maz* (-i) (w)	Salbe
medykament (-y)	Medikament
menju (s, Ez)	Speisekarte
mertwyj	tot
merznuty	frieren
meschkaty	wohnen

militsij/a (-i) (w)	Polizei
militsioner (-y)	Polizist
minjaty	umtauschen
mish (+ 5.)	zwischen
misjats* (-i)	Monat
mist (mosty)	Brücke
mist/o (-a) (s)	Stadt
mists/e (-ja) (s)	Stelle (Ort); (Sitz)Platz
mitsnyj	stark (Kaffee)
mjaso (s, Ez)	Fleisch
mo/hty (-shu)	können
moda (w, Ez)	Mode
mokryj	naß
molodij	jung
molodschyj	jüngerer
mor/e (-ja) (s)	Meer
morozywo (s, Ez)	(Speise)Eis
moshlywo	vielleicht
moshlywo (Adv)	möglich
moshna	man darf
motor (-y)	Motor
motorn/yj tschow/en (-i -ni)	Motorboot
mototsykl* (-y)	Motorrad
mow/a (-y) (w)	Sprache
musyka (w, Ez)	Musik
musyty (muschu) (II.)	sollen; müssen
muzej (-i)	Museum
myr (Ez)	Frieden
mystetstw/o (-a) (s)	Kunst
mytnytsj/a (-i) (w)	Zoll
myto (s, Ez)	Gebühr
my/ty (-ju, -jesch)	waschen
my/tysja (-jusja)	sich waschen

N

na (+ 4.)	in, nach (Richtung)
na (+ 6.)	in (Ort); auf
nadijnyj	sicher
nap/ij (-oji)	Getränk
naprjam (-y)	Richtung
nareschti	endlich
narod (-y)	Volk
naselen/yj punkt	Ort
natsional*n/ist* (-osti) (w)	Nationalität
natural*nyj	natürlich (nicht künstl.)
nawkolyschnij swit (Ez)	Umwelt
nawproty (+ 2.)	gegenüber
nawtschaty	lehren
nawtschatysja	lernen
nazad	zurück
nazywatysja	heißen
nebezpetschnyj	gefährlich
ne-obchidnyj	notwendig
ne-odrushenyj	ledig
nepotribnyj	überflüssig
ne pratsjuje	kaputt
neprawyl*nyj	falsch
nerozumnyj	dumm
neschtschasn/yj wypad/ok (-i -ky)	Unfall
nes/ty (-u, -esch)	tragen (in der Hand)
newidomyj	unbekannt
newynyj	unschuldig
nezabarom	bald
nezabutnij	unvergeßlich
ni	nein; nicht
nichto + ne	niemand
nide + ne	nirgendwo
nikoly + ne	niemals
nikudy + ne	nirgendwohin
nim/ets* (-tsi)	Deutscher
nimets*kyj	deutsch
Nimetschyna (w)	Deutschland
nimk/a (-y) (w)	Deutsche
nitsch (notschi) (w)	Nacht
nitschoho + ne	nichts
noha (nohy) (w)	Fuß
nomer (-y)	Nummer
normal*nyj	normal
noshnytsi (Mz)	Schere
nosyty (noschu, nosysch) (II.)	tragen (Kleidung)
notsch/uwaty (-uju)	übernachten
nowyj	neu
nudnyj	langweilig
nytk/a (w) (-y)	Faden
nyz*kyj	niedrig

O

o (+ 3.)	um (Zeit)
obch/id (-ody)	Umweg
obid (-y)	Mittag
obidaty	Mittag essen
objizd (-y)	Umleitung
obman/juwaty (-uju)	betrügen
obrashaty	beleidigen
ochotsche	gern
odershu/waty (-ju)	erhalten
odjah (Ez)	Kleidung
odne odnoho	einander
odyn (m)	ein; allein
odyn raz	einmal
ofistia/nt (-ty)	Kellner
ofistiantk/a (-y) (w)	Kellnerin
ohljadaty	besichtigen
ohljanuty (v)	besichtigen
okolytsj/a (-i) (w)	Umgebung
okuljary (Mz)	Brille
olija (w)	Öl (Speise-)
oliw/ets* (-tsi)	Bleistift
orhaniz/uwaty (-uju)	organisieren
osin* (w, Ez)	Herbst
ostr/iw (-owy)	Insel
otrujn/a zmija (-i zmiji) (w)	Giftschlange
otrut/a (-y) (w)	Gift
owotschi (Mz)	Gemüse
ozero (ozera) (s)	See, der

P

paket (-y)	Paket
pal/yty (-ju, palysch) (II.)	rauchen
palats (-y)	Palast
pamjataty	sich erinnern
pamjatnyk (-y)	Denkmal
pan (-y)	Herr
pani (=) (w)	Frau
papery (Mz)	Dokumente
papir (Ez)	Papier
par/a (-y) (w)	Paar
park (-y)	Park
park/uwaty (-uju)	parken (Wagen)
pasport (-y)	Paß, Ausweis
patsijent (-y)	Patient
paus/a (-y) (w)	Pause
perebuwaty	Aufenthalt
pered (+ 5.)	vor
perekla/sty (-du) (v)	übersetzen
perekladatsch (-i)	Dolmetscher
perekladaty	übersetzen
perenotsch/uwaty (-uju) (v)	übernachten
pererw/a (-y) (w)	Pause
peresta/waty (-ju)	aufhören
peron (-y)	Bahnsteig
person/a (-y) (w)	Person
perukarnj/a (-i) (w)	Friseur
petschywo (s, Ez)	Gebäck
pid (+ 5.)	unter
piddanstw/o (-a) (s)	Staatsangehörigkeit
pidn/jaty (-imu) (v)	(hoch)heben
pidnimaty	(hoch)heben
pid/pysaty (-pyschu, -pyschesch) (v)	unterschreiben
pidpysu/waty (-ju)	unterschreiben
pid tschas (+ 2.)	während
pischky	zu Fuß
pislja (+ 2.)	nach
pislja obidu	Nachmittag
piwden* (Ez)	Süden
piwnitsch (w, Ez)	Norden
pizno (Adv)	spät
pjanyj	betrunken
pla/katy (-tschu)	weinen
plan (-y)	Plan
plan mista (-y ...)	Stadtplan
platform/a (-y) (w)	Bahnsteig
platskart/a (-y) (w)	Platzkarte
plat/yty (-schu, platysch) (II.)	(be)zahlen
plawaty	schwimmen
pliwk/a (-y) (w)	Film
pljaschk/a (-y) (w)	Flasche
ploschtsch/a (-i) (w)	Platz (in der Stadt)
po (+ 3.)	über (örtl.); durch (quer)
podarun/ok (-ky)	Geschenk
podat/ok (-ky)	Gebühr
podobatysja	gefallen

podorosh (-i) (w)	Reise
podorosh/uwaty (-uju)	reisen
podruh/a (-y) (w)	Freundin
podrushja (=) (s)	Ehepaar
pohanyj	schlecht
pohoda (w, Ez)	Wetter
pojasn/uwaty (-juju)	erklären
pojizd (-y)	Zug
pojizdk/a (-y) (w)	Reise
pok/azaty (-aschu, -aschesch) (v)	zeigen
pokazu/waty (-ju)	zeigen
pokla/sty (v)	legen
poky	bevor
pol/e (-ja) (s)	Feld
polityka (w, Ez)	Politik
polj/uwaty (-uju)	jagen
poloshennja (=) (s)	Lage (geogr.)
polowyn/a (-y) (w)	Hälfte
pominjaty (v)	(um)tauschen (etw.)
pominja/tysja (-jusja)	tauschen (mit jemandem)
pomyljatysja	sich irren
pomylk/a (-y) (w)	Fehler
pomyraty	sterben
ponos	Durchfall
po-obidaty (v)	Mittag essen
poranennja (=) (s)	Verletzung
poranenyj	verletzt
porom (-y)	Fähre
port (-y)	Hafen
poscht/a (-y) (w)	Post(amt)
poshesh/a (-y) (w)	Brand
posnidaty (v)	frühstücken
posol*stw/o (-a) (s)	Botschaft (dipl.)
pospischaty	sich beeilen
postawyty (II., v)	stellen
posylaty	schicken (Post)
potim	danach
potity	schwitzen
potjah (-y)	Zug
potre/buwaty (-buju)	brauchen
potschutja (=) (s)	Gefühl
potschuwaty sebe	sich fühlen
potschynaty	anfangen
potschynatysja	beginnen
powerch (-y)	Etage
powidom/yty (-lju, -ysch) (II., v)	mitteilen
powidomlennja (=) (s)	Nachricht
powidomljaty	mitteilen, benachrichtigen
powil*nyj	langsam
powitrja (s, Ez)	Luft
pownyj	voll
powtorju/waty (-ju)	wiederholen
pow/toryty (-torju, -torysch) (II., v)	wiederholen
pozadu	dahinter
pozdorowljaty	gratulieren
poznajom/yty (-lju) (II.)	vorstellen (jmd.)
poznajom/ytysja (-lusja) (II.)	sich vorstellen
pozytschaty	verleihen
pozytschaty (u + 2.)	sich leihen (von)
pral*nja (w, Ez)	Wäscherei
prats/juwaty (-juju)	arbeiten
prawda (Adv)	wahr
prawda (w, Ez)	Wahrheit
praw/o (-a) (s)	Recht
praworutsch	rechts
prawyl*no (Adv)	richtig
prizwyschtsch/e (-a) (s)	Nachname
prjamo	geradeaus
problem/a (-y) (w)	Problem
probu/waty (-ju)	versuchen
prochannja (=) (s)	Bitte
prochaty	bitten
procholodnyj	kühl
proda/waty (-ju)	verkaufen
profesij/a (-i) (w)	Beruf
program/a (-y) (w)	Programm
prohuljatysja (v)	spazierengehen
proj/ty (-du, projdesch) (v)	durchgehen
propon/uwaty (-uju)	vorschlagen
proschtschatysja	sich verabschieden
prospekt (-y)	Prospekt
prostyj	einfach
prosynatysja	aufwachen

proty (+ 2.)	gegen
prowidnyk (-y)	Schaffner
prowul/ok (-ky)	Gasse
pryblyzno	etwa (circa)
prybuwaty	ankommen
prybu/ty (-du)	ankommen
prychod/yty (-schu) (II., v)	ankommen
pryhotuwaty (v)	vorbereiten
pryji/chaty (-du, -desch) (v)	ankommen
pryjizd (Ez)	Ankunft
pryjmaty (hostej) (v)	empfangen (Gäste)
pryjmaty dusch	duschen
pryjut (Ez)	Unterkunft
pryklad (-y)	Beispiel
prykras/a (-y) (w)	Schmuck
prymischtschennja (=) (s)	Raum
prynes/ty (-u, -esch) (v)	bringen
pryn/osyty (-oschu, -osysch) (II.)	bringen
pryroda (w, Ez)	Natur
prywatnyj	privat
prywitnyj	freundlich
pustyj	leer
pysaty (pyschu, pyschesch)	schreiben
pytannja (=) (s)	Frage
pyty (pju, pjesch)	trinken
pywnytsj/a (-i) (w)	Kneipe
pywo (s, Ez)	Bier

R

rachun/ok (-ky)	Rechnung
rach/uwaty (-uju)	rechnen
radu/watysja (-jusja)	sich freuen
ran/a (-y) (w)	Wunde
ranische	vorher
rano	früh
ran/ok (-ky)	Morgen
raptom	plötzlich
razom	zusammen
rehistr/uwaty (-uju)	registrieren
rehuljarno (Adv)	regelmäßig
rekomend/uwaty (-uju)	empfehlen
remont (-y)	Reparatur
remont/uwaty (-uju)	reparieren
restoran (-y)	Restaurant
rezerw/uwaty (-uju)	reservieren
ridko (Adv)	selten
rik (roky)	Jahr
ritsch (retschi) (w)	Ding
ritschk/a (w) (-y)	Fluß
rjuksak (-y)	Rucksack
rob/yty (-lju, robysch) (II.)	machen, tun
rozbud/yty (-shu) (II., v)	wecken
rozdjahatysja	sich ausziehen
rozminjaty (v)	wechseln
rozminju/waty (-ju)	wechseln
rozmir (-y)	Größe (Kleid.)
rozmowljaty (z + 5.)	sich unterhalten (über)
rozporjad/ok (-ky) pojizdiw	Fahrplan
rozpowidaty	erzählen
rozumity	verstehen
rozumnyj	klug
ryb/a (-y) (w)	Fisch
ryn/ok (-ky)	Markt

S

sad (-y)	Garten
sam	selbst
schef (-y)	Chef
s-chid (Ez)	Osten
schkol/a (-y) (w)	Schule
schody (Mz)	Treppe
schowk (-y)	Seide
schtraf (-y)	Strafe
schtraf/uwaty (-uju)	bestrafen
schtschastja (s, Ez)	Glück
schtsche	noch
schtsche raz	noch einmal
schtscho	daß
schtschob	damit, um zu
schtschodnja	täglich
schtscho-nebud*	etwas
schtschorazy	jedesmal
schtschoritschnyj	jährlich
schtuk/a (-y)	Stück
schukaty	suchen
schwej/tsarets* (-starsti)	Schweizer
Schwejtsarija (w)	Schweiz
schwejtsark/a (-y) (w)	Schweizerin

schwejtsars*kyj	schweizerisch
schwydka dopomoha (w, Ez)	Rettungswagen
schwydko (Adv)	schnell
schyn/a (-y) (w)	Reifen
schyrokyj	breit
sekund/a (-y) (w)	Sekunde
sel/janyn (-jany)	Bauer
selo (sela) (s)	Dorf
serdetschnyj	herzlich
serebro (s, Ez)	Silber
sestra (sestry) (w)	Schwester
shal*	schade
sharkyj	heiß (Wetter)
shink/a (-y) (w)	Frau
shinotschyj	weiblich
showtyj	gelb
shytel* (-i)	Einwohner
shytja (=) (s)	Leben
shyty	leben
sidaty	sich setzen
sidaty (w + 4.)	einsteigen (in)
sil* (soli) (w)	Salz
simja (simji) (w)	Familie
sirnyk (-y) (m)	Streichholz
sisty (sjadu, sjadesch) (v)	sich setzen
sjohodni	heute
sjudy	hierher
skarshytysja (II.)	sich beschweren
ska/zaty (-shu, skashesch) (v)	sagen
skladnyj	kompliziert
skljank/a (-y) (w)	(Trink)Glas
skriz*	überall
skydk/a (-y) (w)	Ermäßigung
slow/o (-a) (s)	Wort
slownyk (-y)	Wörterbuch
sluchaty	hören
smatschnyj	schmackhaft
smert* (-i) (w)	Tod
smij/atysja (-usja) (nad + 5.)	lachen (über)
snidaty	frühstücken
snih (Ez)	Schnee
solodkyj	süß
sontse (s, Ez)	Sonne
spal*nj/a (-i) (w)	Schlafzimmer

spaty (splju, spysch) (II.)	schlafen
speretschatysja	streiten
spilyj	reif
spiwaty	singen
spodiwatysja	hoffen
spokij (Ez)	Ruhe
sport (Ez)	Sport
spraw/a (-y) (w)	Ding, Sache
sprawshnij	echt
stadion (-y)	Stadion
staranyj	fleißig
staryj	alt
staw/yty (-lju, -ysch) (II.)	stellen
stina (stiny) (w)	Wand
stojank/a (-y) (w)	Parkplatz
sto/jaty (-ju, -isch) (II.)	stehen
stomlenyj	müde
strach (-y)	Angst
strachuwannja (=) (s)	Versicherung
straw/a (-y) (w)	Essen
striljaty	schießen
student (-y)	Student
suchyj	trocken
sum/a (-y) (w)	Summe
sumk/a (-y) (w)	Tasche
sumnyj	traurig
sup (-y)	Suppe
suprowodshu/waty (-ju)	begleiten
swishyj	frisch (Obst)
switlo (s, Ez)	Licht
switlyj	hell
swjat/kuwaty (-kuju)	feiern
swjat/o (-a) (s)	Feier, Fest
sy/dity (-shu, -dysch) (II.)	sitzen
syd/ity (nur 3. Ez: -yt*, 3. Mz: jat*) (II.)	passen (Kleid.)
syhare/ta (-y) (w)	Zigarette
syl*nyj	stark (Regen)
syn (-y)	Sohn
syryj	roh
sytyj	satt

T

ta	und
tabletk/a (-y) (w)	Tablette
tak	ja; so

taksi (=) (s)	Taxi
tam	dort, da
tants/juwaty (-uju)	tanzen
teatr (-y)	Theater
telefon (-y)	Telefon
telefon/uwaty (-uju)	telefonieren
telewizor (-y)	Fernsehgerät
temnyj	dunkel
teper	jetzt
teplyj	warm
terminowo	dringend
tesh	auch
til*ky	nur
tisnyj	eng
titk/a (-y) (w)	Tante
tjutjun (Ez)	Tabak
todi	dann
toj	jener
tomu	deshalb
torhiwlja (w, Ez)	Handel
totschnyj	pünktlich, genau
towar (-y)	Ware
towstyj	dick
tradytsij/a (-i) (w)	Tradition
tramwaj (-i)	Straßenbahn
treba (+ Grundf. des Verbs)	sollen
tren/uwaty (-uju)	üben
trochy	ein bißchen
trymaty	halten (in der Hand)
trywa/ty (3. Ez: -je; 3. Mz: -jut*)	dauern
tschaj (Ez)	Tee
tschajowi (Mz)	Trinkgeld
tschas (-y)	Zeit
tschasto	oft
tschek (-y)	Scheck
tschekaty	warten
tschemnyj	höflich
tscherez (+ 4.)	über, in (zeitl.); durch (quer)
tscholowik (-y)	Ehemann
tschow/en (-ny)	Boot
tschudowyj	ausgezeichnet, wunderbar
tschushyj	fremd
tschuty	hören
tschy	ob
tsch/yslo (-ysla) (s)	Datum
tschystyj	sauber
tschy/styty (-schtschu, -stysch) (II.)	säubern
tschytaty	lesen
tsentr (-y)	Zentrum
tserkw/a (-y) (w)	Kirche
tsikawyj	interessant
tsikaw/ytysja (-ljusja, -yschsja) (II.)	sich interessieren (für)
tsil/uwaty (-uju)	küssen
tsina (tsiny) (w)	Preis
tualet (-y)	Toilette
tudy	dorthin
turyst (-y)	Tourist
turystk/a (-y) (w)	Touristin
tut	hier; da
twaryn/a (-y) (w)	Tier
twerdyj	hart; fest
tysh/den* (-ni)	Woche

U

u (+ 2.)	bei
u (+ 4.)	in, nach (Richtung)
u (+ 6.)	in (Ort)
ubywaty	töten
uhori	oben
umity	können
uniwermah (-y)	Kaufhaus
uniwersytet (-y)	Universität
ushe	schon
uspich (-y)	Erfolg
ustanow/a (-y) (w)	Behörde

W

w (+ 4.)	in, nach (Richtung)
w (+ 6.)	in (Ort)
waha (w, Ez)	Gewicht
wahitna (Adv, Adj)	schwanger
wahon (-y)	Waggon (Zug)

waljuta (w)	Devisen
wan/a (-y) (w)	Badezimmer
wartist* projizdu (w, Ez)	Fahrpreis
waryty (warju, warysch) (II.)	kochen
washkyj	schwer
washlywyj	wichtig
wata (w, Ez)	Watte
wch/id (-ody)	Eingang
wchod/yty (-shu) (II.)	eintreten
wdjatschnyj	dankbar
welosyped (-y)	Fahrrad
welykyj	groß
wes*	ganz
wesel/ytysja (-jusja) (II.)	sich vergnügen
weselyj	fröhlich, lustig
wesilja (=) (s)	Hochzeit
wetscherja (-i) (w)	Abendessen
wetschir	Abend
widbuksyr/uwaty (-uju)	abschleppen
widda/waty (-ju)	abgeben
widji/chaty (-du) (v)	abfahren
widjidshaty	abfahren
widkr/yty (-yju) (v)	öffnen
widkrywaty	öffnen
widlitaty	abfliegen
widpotschywaty	(aus)ruhen, sich erholen
widpowid* (-i) (w)	Antwort
widpowidaty	antworten
widpustka (w, Ez)	Urlaub
widstalyj	rückständig
widwidu/waty (-ju)	besuchen
wik (-y)	(Lebens)Alter
wikno (wikna) (s)	Fenster
wil*nyj	frei
wirno (Adv)	richtig
wir/yty (-ju) (II.)	glauben
witaty	(be)grüßen
witatysja	sich grüßen
wizyt (-y)	Besuch
wlasnist* (w, Ez)	Eigentum
wlasnyk (-y)	Besitzer
wnyzu	unten
woda (wody) (w)	Wasser
woh/on* (-ni)	Feuer
wokzal (-y)	Bahnhof
wolohyj	feucht

wse	alles
wshe	schon
wst/awaty (-anu)	aufstehen
wtom/ytysja (-lusja, -yschsja) (II., v)	müde werden
wtschora	gestern
wulytsj/a (-i) (w)	Straße
wiz (Ez)	Einfuhr
wybatschatysja	sich entschuldigen
wych/id (-ody)	Ausgang
wychod/yty (-shu, -ysch) (II.)	aussteigen
wyjishaty	abreisen
wyjizd za kordon	Ausreise
wy/jty (-du)	aussteigen
wykladaty	unterrichten (lehren)
wynyj	schuldig
wyrischu/waty (-ju)	entscheiden
wyrischyty (II., v)	entscheiden
wysokyj	hoch
wyznatschni pamjatky (Mz)	Sehenswürdigkeiten
wzjaty (wiz*mu, wiz*mesch) (v)	nehmen
wzuttja (=) (s)	Schuhe
wid (+ 2.)	seit; von (Ort)

Z

z (+ 2.)	seit; aus, von (Ort)
z (+ 5.)	mit
za (+ 4.)	für; in (zeitl.)
za (+ 5.)	hinter
zabahato (Adv)	zuviel
zabludy/tysja (nur Verg.: -wsja) (II., v)	sich verirren
zaboroneno	verboten (es ist ...)
zabron/uwaty (-uju) (v)	buchen
zabuty (v)	vergessen
zabuwaty	vergessen
zachid (Ez)	Westen

zachod/yty (-shu) (II.)	vorbeikommen
zachod/yty (-shu) (II.) (+ 4.)	eintreten
zadowolenyj	zufrieden
zahuby/ty (nur Verg.: -w) (II., v	verlieren (etw.)
zaj/ty (-du, zajdesch) (v)	vorbeikommen
zakintschu/waty (-ju)	beenden
zakocha/tysja (nur Verg.: -wsja) (v)	sich verlieben
zakon (-y)	Gesetz
zakordon	Ausland
zakryty (v)	schließen
zakrywaty	schließen
zakur/yty (-ju, zakurysch) (II., v)	rauchen
zaliznytsj/a (-i) (w)	Eisenbahn
zalyschatysja	bleiben
zamist* (+ 2.)	anstatt
zam/ok (-ky)	Burg, Schloß
zamowlennja (=) (s)	Bestellung
zamowljaty	bestellen
zamow/yty (-lju, -ysch) (v)	bestellen
zapamjataty	sich merken
zapasn/a detal/* (-i -i) (w)	Ersatzteil
zapizn/juwatysja (-ujusja)	sich verspäten
zapizn/ytysja (-jusja) (II., v)	sich verspäten
za/platyty (-platschu, -platysch) (II., v)	bezahlen
zaprawk/a (-y) (w)	Tankstelle
zaproschennja (=) (s)	Einladung
zaproschu/waty (-ju)	einladen
zapytaty (v)	fragen
zapytu/waty (-ju)	fragen
zarady (+ 2.)	wegen
zaraz	sofort
zarobljaty hroschi	verdienen
zarpla/ta (-y) (w)	Lohn (Gehalt)
zastudytysja (nur Verg.) (v)	erkältet sein
zate	dafür
zatyschnyj	gemütlich
zawashaty	stören
zawshdy	immer
zawtra	morgen
zbyraty	sammeln
zda/waty wnajmy (-ju ...)	vermieten
zdorowja (s, Ez)	Gesundheit
zdorowyj	gesund
zemlja (w, Ez)	Erde
zhodnyj	einverstanden
zi (+ 5.)	mit
zjisty (v)	essen (etwas Bestimmtes)
zlotsch/yn (-ny)	Verbrechen
zminjaty (v)	wechseln (Wäsche)
zminju/waty (-ju)	wechseln (Wäsche)
znachod/yty (-shu, -ysch) (II.)	finden
znachod/ytysja (-shusja, -yschsja)	sich befinden
znajom/ytysja (-lusja, -yschsja) (II.)	sich bekanntmachen
znaj/ty (-du, znajdesch) (II., v)	finden
znamenytyj	berühmt
zna/ty (-ju)	wissen; kennen
znimaty	mieten
znowu	wieder
zoloto (s, Ez)	Gold
zowsim (Adv)	vollkommen
zrob/yty (-lju) (II., v)	machen, tun
zubn/yj likar (-i -i)	Zahnarzt
zupynjatysja	(an)halten (z. B. Auto)
zupynk/a (-y) (w)	Haltestelle
zu/pynytysja (-pynjusja, -pynyschsja) (II., v)	anhalten
zustritschaty	abholen; treffen
zustritschatysja	sich treffen
zwaty (zowu)	rufen, schreien
zwertatysja do (+ 2.)	sich wenden an
zworotna put* (w, Ez)	Rückfahrt
zwykaty	gewöhnen
zwytschaj (-i)	Brauch
zwytschajno (Adv)	gewöhnlich
zyma (zymy) (w)	Winter

Kauderwelsch-Sprechführer

gibt's für
unheimlich viele Sprachen:

Albanisch ■ American Slang ■ Ägyptisch-Arabisch
Aussie-Slang ■ Bengali ■ Brasilianisch
British Slang ■ Burmesisch ■ Bulgarisch
Chinesisch ■ Dänisch ■ DDR-Slang ■ Estnisch
Englisch ■ Esperanto ■ Finnisch ■ Französisch
Franz. für Afrika ■ Franz. Slang ■ Georgisch*
German ■ Griechisch ■ Hebräisch ■ Hausa*
Hocharabisch ■ Hindi ■ Indonesisch ■ Isländisch
Italienisch ■ Japanisch ■ Kantonesisch ■ Katalanisch
Khmer ■ Kisuaheli ■ Kiwi-Slang ■ Koreanisch
Laotisch ■ Lingala ■ Litauisch ■ Madagassisch
Malaiisch ■ Mandarin ■ Marokkanisch-Arabisch
*Mongolisch ■ More American Slang ■ Nepali
Niederländisch ■ Norwegisch ■ Palästinensisch-Arabisch
Patois (Jamaika) ■ Persisch (Farsi) ■ Pidgin-English
Polnisch ■ Portugiesisch ■ Quechua ■ Rumänisch
Russisch ■ Sächsisch ■ Schwyzerdütsch ■ Schwedisch
Serbokroatisch ■ Slowakisch ■ Slowenisch ■ Spanisch
Spanisch-Slang ■ Spanisch für Argentinien*
*Spanisch für Guatemala ■ Spanisch für Lateinamerika
Spanisch für Mexiko ■ Spanisch für Venezuela
Syrisch-Arabisch ■ Tamil ■ Tagalog ■ Thai ■ Tibetisch
Tschechisch ■ Türkisch ■ Tunesisch-Arabisch
Ukrainisch ■ Ungarisch ■ Vietnamesisch ■ Wienerisch

Peter Rump
Verlags- und Vertriebsges. mbH
Bielefeld

* erscheint 1993

Die Autorinnen

Natalja Börner, Jahrgang 1955, ist gebürtige Ukrainerin, aufgewachsen unweit des ukrainischen Ortes Zaporoshja, am Dnepr gelegen, wo die berühmten Saporosher Kosaken zu Hause waren. Sie hat in Charkow Geschichte und Sprachen studiert und ist 1977 mit ihrem deutschen Ehemann nach Leipzig übergesiedelt.

Ulrike Grube, Jahrgang 1955, wurde in einem kleinen Städtchen in Sachsen-Anhalt geboren, studierte russische und ukrainische Sprache an der Universität Leipzig und promovierte über die ukrainische Sprache. Ihre Kenntnisse über die Ukraine hat sie während mehrerer Studienaufenthalte, durch engen Kontakt zu Ukrainern und durch ihre Arbeit an der Universität gewonnen.

Beide arbeiten an der Sektion "Theoretische und angewandte Sprachwissenschaft" der Universität Leipzig auf dem Gebiet der ukrainischen Sprache. Darüber hinaus engagieren sie sich mit großer Begeisterung in der Interessengemeinschaft "Ukraina", um die ukrainische Sprache, Kultur und Geschichte bekanntzumachen und ihre Liebe für dieses Land zu vermitteln.

Natalja und Ulrike fahren regelmäßig in die Ukraine und planen schon wieder die nächste Reise ...